GRAMMAR

TPR 이론의 창시자 | Dr.James J. Asher

휴스턴 대학과 뉴멕시코 대학에서 텔레비전 저널리즘과 심리학으로 박사 학위를 받았다. 그 후, 워싱턴 대학과 스탠포드 대학에서 언어학, 교육심리학의 연구 생활을 계속하였다. 그는 외국어 과목에서 성적이 매우 우수하였음에도 불구하고 말하는 데에 어려움을 겪은 것을 계기로 외국어 교습법에 관심을 갖고 연구를 하여 오른쪽 뇌를 이용한 기억 방식 이론을 창안하였다. 그의 교육 이론은 현재 전세계 국가에 널리 활용되며 언어 교육의 가장 효과적인 교습법으로 인정받는다.

기획 | **인투언어연구소**

최종민 교수
㈜인투언어연구소 소장, 호서대 교양학부 초빙교수

주요 저서
텐저린 파트별 시리즈(니오컴스) | 텐저린 실전문제 200 시리즈(니오컴스)
TOEIC 터미네이터(YBM 시사영어사) | TOEIC 터미네이터 BASIC(2003, YBM 시사영어사)
최종민의 TOEIC R/C 기출문제 공개해부(2003, YBM시사영어사) | 플래티늄 1200(2003, 니오컴스)
플라톤 토익(2004, YBM시사영어사) | 레인보우토익(2006, YBM시사영어사)
코칭토익(2006, 박문각) | 웨일즈 Topic 시리즈 기획(2007)

일러스트 | **김민재 김희재 박태영 민경은 손지연**

ENGLISH ICE BREAK
GRAMMAR ❷ Intermediate

1판 1쇄 발행 2009년 12월 15일 **1판 2쇄 발행** 2009년 12월 22일

펴낸이 정중모 **펴낸곳** Watermelon English Company **기획** 인투언어연구소 **책임편집** 김지숙 이민정
디자인 김해연 이아림 **제작** 송정훈 윤준수 **영업** 남기성 김정호 김경훈 **관리** 박금란 김선애 윤현진 김수나
등록 2003년 9월 3일(제300-2003-162호)
주소 서울시 마포구 동교동 203-52 **전화** 02-3144-3700 **팩스** 02-3144-0775
홈페이지 www.engicebreak.com **이메일** editor@yolimwon.com

* 책값은 뒤표지에 있습니다.
ISBN 978-89-7063-640-5 14740
ISBN 978-89-7063-638-2 (세트)

ENGLISH ICEBREAK GRAMMAR 2

잉글리쉬 아이스브레이크 그램마

Intermediate

Watermelon

| 머리말 |

100% Graphic!

    ICEBREAK가 첫선을 보였을 때 수많은 독자들과 영어 학습자들이 열렬한 반응을 보여 주셨습니다. 당연히 타당한 이유가 있겠죠. 영어 교재에 그림이나 사진이 부분적으로 실리는 경우는 많았지만 ICEBREAK처럼 100% Graphic으로 그림과 글, 글과 그림이 상호 작용하도록 시도한 교재는 거의 없습니다. 그것도 귀여운 졸라맨과 어린 시절을 떠올리게 하는 단순하고 소박한 그림이 사실적이고 복잡한 그림이나 사진보다 훨씬 매력적이었던 것 같습니다.

    이에 용기를 얻어 ICEBREAK 영문법을 내기로 결정했습니다. 용기가 필요했던 것은 졸라맨을 주인공으로 문법의 개념과 용법을 얼마만큼 표현할 수 있을까? 하는 고민 때문이었습니다. 하지만 그 따분하고 재미없는 문법 공부를 아주 조금이라도 유쾌하고 편안하게 즐기면서 할 수 있다면 보람 있고 가치 있는 작업일 것이라고 생각했습니다. 이제 또 한번 많은 분들이 좋은 평가를 내려 주시리라 조심스럽게 기대해 봅니다.

눈으로 그림을 보고!
머리로 내용을 생각하고!

Icebreaker처럼 영어의 장벽을 깨고 나가자!

ICEBREAK! 이름이 참 매력적이죠? 책 이름에서 몇 가지 장면이 연상됩니다. 가장 먼저 떠오르는 그림은 Icebreaker(쇄빙선)가 북극의 얼음과 빙하를 깨면서 앞으로 나아가는 장면입니다. 영어를 공부하면서 보게 되는 우리 자신의 모습은 얼음처럼 얼어붙어 있는 것이 아닐까 합니다. 미국 사람들과 부딪치면 눈과 귀가 얼어 버립니다. 눈은 뜨고 있지만 뭔지 모를 두려움(phobia)에 멍한 시선이고, 귀는 열고 있지만 아무 소리도 들리지 않습니다. 눈으로는 알파벳만 보고, 귀로는 우리말 설명만 지루하게 들으면서 공부한 탓이겠지요. 입은 더욱 단단하게 꽁꽁 얼었습니다. 머릿속으로 문장을 만들어도 혀가 움직이질 않습니다.

지금의 부모 세대들은 문법 위주로 공부했으니 그렇다고 치지만, 영어 동화책과 소리로 영어를 시작한 젊은 세대들도 결과는 마찬가지인듯 합니다. 아마 시험 점수에 목매달고 달려드는 우리 교육 환경 때문이겠지요. 눈과 귀, 입이 얼어 붙으면서 마음까지 얼음 속에 갇혔습니다. 바로 좌절감입니다. 지긋지긋할 정도로 오랫동안 공부해도 항상 그 자리인 듯 합니다. 벌써 시작만 몇 번 입니까? 마음 먹고 영어 공부하자고 단단히 결심해도 며칠 공부하다 말고 포기한 것이 벌써 몇 번 입니까? 이제 다시 한번 영어 공부 제대로 해보자는 마음까지 사라진 것은 아닌지요.

이제 ICEBREAK가 여러분 옆에 있습니다. 얼어 버린 눈, 귀, 입을 녹일 수 있습니다. 좌절감이라는 단단한 얼음을 산산이 깨드릴 수 있습니다. Icebreaker가 북극의 하얀 얼음을 깨고 짙푸른 바다를 헤치고 나아가는 시원한 모습을 상상할 수 있습니까? ICEBREAK가 옆에 있으면 이제 여러분은 멋있는 Icebreaker가 될 수 있습니다.

break the ice! 영어의 서먹함을 날려버리자!

ICEBREAK라는 책 제목에서 또 하나 떠오르는 장면이 있습니다. break the ice라는 표현은 처음 만나 어색하고 서먹한 분위기를 부드럽고 편안한 분위기로 바꾼다는 뜻입니다. 영어는 다른 나라 말이니까 당연

다시 눈으로 문장을 보고!
귀로 소리를 듣고!

히 낯설고 불편합니다. 잘하고 싶은 마음은 늘 있고, 그래서 나름대로 노력은 해보지만 낯설고 불편한 것은 조금도 줄어들지 않습니다. 나이가 들면서 그 불편함이 더 강해지는 경우가 많습니다. 아마 체면 때문이겠지요. 체면 차리는 것이 바로 우리 문화 아니겠어요? 체면이 나쁜 것만은 아닌데 영어를 공부할 때 꼭 끼어드는 방해꾼입니다.

이제 ICEBREAK가 여러분 옆에 있습니다. 졸라맨과 대화를 나누면서 영어를 다시 시작해 보세요. 졸라맨은 만능 엔터테이너입니다. 우리가 지금까지 알파벳으로만 공부했던 수많은 문장을 직접 연기합니다. 앉았다가 일어나기도 하고, 걷다가 열심히 뛰기도 합니다. 웃기도 하고 찡그리기도 하고 신 나는 표정을 짓기도 합니다. TV를 보기도 하고 라디오를 듣기도 하죠. 정말 다양한 표정과 몸짓과 액션을 보여 줍니다.

이 책은 ICEBREAK Grammar입니다. 영어 문법은 늘 서먹합니다. 여간 불편하지 않습니다. 시제 공부할 때 '시간'을 생각해야 한다든가, 본

동사는 시제 외에 능동태와 수동태를 구별하는 것이 중요한 포인트라든가, 부정사는 명사, 형용사, 부사의 역할을 한다든가, 명사를 공부할 때는 '수와 양'을 체크해야 한다든가, 전치사는 기본적으로 '공간 또는 장소'를 표현한다든가 하는 것은 꼭 알아야 할 중요한 포인트지만 여기서 그치면 그저 머리와 눈으로 하는 공부로 끝납니다.

ICEBREAK Grammar! 이렇게 공부하자!

ICEBREAK Grammar는 좀 더 새로운 학습법을 제시합니다. break the ice하기 위한 방법이죠. 만능 엔터테이너인 졸라맨이 보여주는 공부법은 바로 action입니다. 졸라맨과 똑같이 말하면서 흉내 내보세요. 졸라맨이 빨리 뛰면 "He is running fast."라고 큰 소리로 말하면서 뛰는 시늉을 해보세요. 쑥스럽고 때로는 체면이 구겨지기도 하겠지만 문장 하나하나가 몸에 찰싹 달라 붙는 효과를 낼 것입니다. 그림을 보고 머리로 내용을 생각하고, 눈으로 문장을 보고, 귀로 소리를 듣고, 입으로 크게 말하고, 손으로 또박또박 써 보세요.

입으로 크게 말하고!
손으로 또박또박 써 보세요!

ICEBREAK Grammar에 등장하는 모든 그림과 장면을 영어 문장으로 소리 내 보세요. ICEBREAK Grammar에 있는 모든 영어 문장을 보며 그림과 장면을 상상해 보세요. 눈짓, 손짓, 발짓, 몸짓 등 온몸으로 하는 action을 곁들여 보세요. 어느 순간 갑자기 얼어 붙었던 눈과 귀와 입이 봄눈 녹듯 풀릴 것입니다. 마음 속 한 켠을 차갑게 짓누르던 얼음 덩어리 같은 좌절감은 흔적도 없이 녹아 사라져 있을 것입니다. 그리고 어느 순간부터 편안하게 영어로 대화하고 있을 것입니다.

ICEBREAK Grammar에서 영어 문법은 지식이 아니라 말과 행위입니다.

최종민 인투언어연구소

Contents

Unit 1 문장
Chapter1 품사 ...12
Chapter2 문장의 형식 ...21

Unit 2 현재
Chapter3 현재 시제 ...28
Chapter4 현재진행 시제 ...32

Unit 3 과거
Chapter5 과거 시제 ...38
Chapter6 과거진행 시제 ...43
Chapter7 현재완료 시제 ...47
Chapter8 과거완료 시제 ...53

Unit 4 미래
Chapter9 미래 시제 ...60
Chapter10 미래진행과 미래완료 시제 ...67

Unit 5 의문문
Chapter11 네/아니오 의문문 ...72
Chapter12 Wh 의문문 ...78
Chapter13 기타 의문문 ...87

Unit 6 법조동사
Chapter14 법조동사 ...94

Unit 7 수동태
Chapter15 수동태 ...106

Unit 8 준동사
Chapter16 to부정사 ...118
Chapter17 동명사 ...131
Chapter18 분사 ...138

Unit9 명사구
Chapter19 명사 ...144
Chapter20 관사 ...150
Chapter21 한정사 ...156
Chapter22 대명사 ...166

Unit 10 수식어
Chapter23 형용사 ...178
Chapter24 부사 ...185
Chapter25 비교 ...195

Unit11 전치사
Chapter26 전치사 ...206

Unit 12 명사절과 형용사절
Chapter27 명사절 ...220
Chapter28 화법 ...224
Chapter29 형용사절 ...232

Unit13 등위절과 부사절
Chapter30 조건절 ...224
Chapter31 등위절 ...255
Chapter32 부사절 ...259

Unit 1 문장

문장이란 우리가 가진 생각이나 느낌을 전달하게 해 주는 최소의 단위예요.
가령, 국어에서는 "나 사랑해."라고 해도 대충 뜻이 통하지만
영어에서 'I love' 라는 식으로 자주 말을 끝내버리면
나중에 친구들이 하나 둘씩 떠나가 버리는 비극을 보게 될 거예요.
위 문장에는 영어의 문장에서 꼭 필요한 love라는 동사의 목적어가
빠져 있어요. 이렇게 영어의 문장에 있어서 없어서는 안 되는
요소들이 있고, 여기에는 주어, 보어, 목적어 등이 있어요.

Chapter 1

품사

품사는 문장을 구성하는 단어를 분류하는 개념이다.
문장을 만들 때 단어의 종류에 따라서 하는 역할이 다르기 때문에 품사를
이해하는 것은 문장 구성에서 꼭 필요한 요소이다.
이 장에서 다룰 품사는 8개이다.

1 **동사** 주어의 행위와 상태를 나타낸다.

2 **명사** 사람, 사물, 장소 등의 이름이며 추상적인 개념도 표현한다.

3 **대명사** 명사를 반복할 때 대신 쓰는 단어이다.

4 **한정사** 명사 앞에서 수량, 한정 등을 나타낸다.

5 **형용사** 명사의 성질이나 크기, 색깔 등을 묘사한다.

6 **부사** 동사, 형용사, 부사를 수식하며, 그 의미를 더욱 다양하게 만든다.

7 **전치사** 명사를 목적어로 취하면서 형용사와 부사의 역할을 수행한다.

8 **접속사** 주어와 동사를 묶어 준다. 명사절, 형용사절, 부사절, 등위절 등이 있다.

원래 8품사는 감탄사를 포함하지만, 감탄사는 문장 구성에 필수적인 요소가 아니라서
제외했다. 대신 관사를 포함한 한정사를 품사로 분류했다.

l 동사

동사는 주어의 행위나 상태를 나타낸다. 행위동사와 연결동사, 자동사와 타동사로 구분된다.

He wrote a letter to his mother.

He is a smart student.

my car

I have a small car.

He often lies in bed until 10 a.m..

He usually walks to school.

She laid the baby on the bed.

- 그는 어머니에게 편지를 썼다.
- 나는 작은 차를 한 대 가지고 있다.
- 그는 보통 걸어서 학교에 간다.
- 그는 똑똑한 학생이다.
- 그는 종종 오전 10시까지 침대에 누워 있다.
- 그녀는 아기를 침대에 눕혔다.

2 명사 7-12

명사는 사람, 사물, 장소 등의 이름이다. 문법적인 성격에 따라 셀 수 있는 명사와 셀 수 없는 명사로 나뉜다.

a doctor

one desk

a book

three chairs

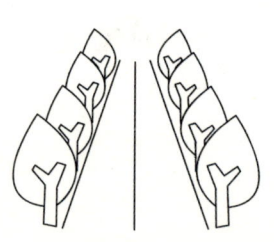

the street

much furniture

- 의사
- 책
- 거리

- 책상 하나
- 의자 세 개
- 많은 가구

3 대명사 13-18

대명사는 명사를 대신하며 주격, 목적격, 소유격, 소유대명사 등이 대표적이다.
지시, 부정, one/ones, each other 등의 다른 대명사도 알아야 한다.

I invited **my** friends to the party.

I need a big hat, not a small **one**.

Everyone must attend the meeting.

This is **my** sister Kathy.

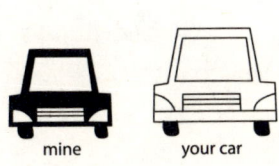

Your car is bigger than **mine**.

We love **each other**.

- 나는 나의 친구들을 파티에 초대했다.
- 모두가 회의에 참석해야 한다.
- 네 차는 내 것보다 더 크다.

- 나는 작은 것 말고 큰 모자가 필요하다.
- 이쪽은 내 여동생 캐시야.
- 우리는 서로 사랑한다.

4 한정사 🔊 19-24

한정사는 명사 앞에서 수량을 나타낸다. 수량 외에 특정한 것인지 특정하지 않은 것인지를 나타내기도 한다.

There is a cup on the table.

I have met a few doctors recently.

I gave some money to the boy.

Many students like the math teacher.

All the books are about Korea.

I have no idea about the event.

- 탁자 위에 컵이 하나 있다.
- 나는 그 소년에게 약간의 돈을 주었다.
- 그 모든 책은 한국에 관한 것이다.
- 나는 최근 몇몇 의사를 만났다.
- 많은 학생들이 수학 선생님을 좋아한다.
- 나는 그 행사에 관해 전혀 모른다.

5 형용사 🔊 25-30

형용사는 명사 앞, be동사 뒤에서 명사를 꾸민다. 명사가 얼마나 좋은지, 얼마나 큰지, 어떤 색깔인지, 어떤 모양인지를 나타낸다.

a good car

a new computer

an angry look

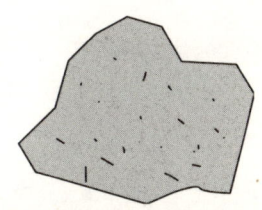

a large stone

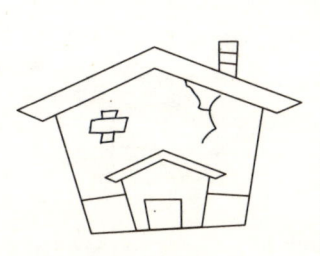

an old house

a black coat

- 좋은 차
- 화난 표정
- 낡은 집

- 새 컴퓨터
- 큰 돌
- 검은 외투

6 부사 🔊 31-36

부사는 동사, 형용사, 다른 부사를 꾸민다. 정도, 방법, 장소, 시간, 빈도 등 다양한 의미를 추가한다.

It is really hot today.

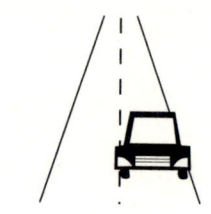

The car is slowly running down the street.

The teacher spoke quietly.

Fortunately, she arrived on time.

He checked the report very carefully.

He has already finished the homework.

- 오늘은 정말 덥다.
- 선생님이 조용하게 말했다.
- 그는 보고서를 매우 꼼꼼하게 점검했다.

- 차가 거리 아래쪽으로 천천히 달리고 있다.
- 다행스럽게도 그녀는 제때 도착했다.
- 그는 이미 숙제를 끝냈다.

ㄱ 전치사 🎵 37-42

전치사는 명사를 목적어로 취하고, 문장 안에서 형용사와 부사 역할을 수행한다. 장소, 시간, 수단 등 아주 다양한 의미를 전달한다.

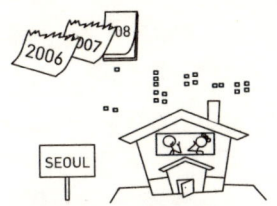

We have lived in Seoul for three years.

I had trouble with the car this morning.

I go to school by bus.

She is good at cooking.

These files are up to date.

Everyone laughed at the joke.

- 우리는 서울에 3년째 살고 있다.
- 나는 버스를 타고 학교에 다닌다.
- 이 파일은 최신 것이다.

- 오늘 아침 차 때문에 애먹었다.
- 그녀는 요리를 잘한다.
- 모두가 그 농담을 듣고 웃었다.

8 접속사 MP3 43-48

접속사는 주어와 동사를 연결하며, 등위접속사와 종속접속사가 있다. 종속접속사에는 명사절, 형용사절, 부사절이 있다.

Bring some food and beverages to the party.

If I ate cake, I would get fat.

The man that is at the desk is my brother.

I believe that he can win the race.

It was hot, so we went swimming.

Although he is young, he is wise.

- 파티에 음식과 음료수 좀 가지고 와.
- 책상에 있는 남자가 우리 형이다.
- 우리는 날씨가 더워서 수영하러 갔다.

- 내가 케이크를 먹는다면 살이 찔 거예요.
- 나는 그가 경기에서 이길 것이라고 믿는다.
- 그는 어리지만 지혜롭다.

Chapter 2
문장의 형식

모든 문장은 주어, 동사, 보어, 목적어와 같은 문장 성분으로 이루어진 조합이다. 그 중 동사는 그 성질이나 종류에 따라 구별이 가능하다. 그렇게 나누어지는 동사에 따라 각각 필요한 문장 성분이 달라지는데, 이것이 곧 다른 형태의 문장 형식이 나타나게 되는 이유이다. 문장의 형식은 모두 5형식으로 이루어져 있다.

1. 자동사 완전자동사
동사가 주어의 동작이나 상태를 완전하게 설명하므로 다른 주요 문장 성분이 필요 없다.

2. 불완전자동사
동사가 혼자서 주어의 동작이나 상태를 완전하게 설명하기에는 의미상 부족한 부분이 있어서 주어의 상태나 성질을 보충 설명해 줄 보어가 필요하다.

3. 타동사 완전타동사
동사가 나타내는 동작이나 행동의 대상이 되는 목적어가 필요한 동사이다.

4. 수여동사
주로 사물이나 사실을 전달하는 의미를 가지는 동사이기 때문에 '누구에게', '무엇을'에 해당하는 목적어가 2개 필요하며, 각각 간접목적어, 직접목적어로 분류한다.

5. 불완전타동사
동작의 대상인 목적어에 대한 보충 설명이 필요한 동사로, 목적어 다음에 목적보어가 필요한 동사이다.

I 1형식 문장 🎧 1-6

1형식은 주어의 동작이나 상태를 나타내는 완전자동사가 쓰인 문장으로 목적어나 보어와 같은 다른 문장 성분이 필요 없는 문장이다.

He goes to school by bus.

The baby cried all night.

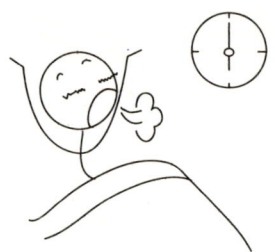
I get up at six every day.

They sit on the sofa.

He runs fast.

She studies in the library.

- 그는 버스를 타고 학교에 간다.
- 나는 매일 6시에 일어난다.
- 그는 빨리 달린다.

- 아기가 밤새도록 울었다.
- 그들은 소파에 앉아 있다.
- 그녀는 도서관에서 공부를 한다.

2 2형식 문장 🔊 7-12

2형식은 목적어가 필요 없는 자동사를 쓰지만, 자동사 혼자만으로 주어의 상태나 동작을 충분히 나타내지 못하는 불완전자동사를 쓸 때는 주어에 대한 보충 설명을 해 줄 보어가 필요하다.

He is my boyfriend.

It tastes delicious.

You look so beautiful today.

Her face turned red.

My son became a teacher.

She remains unmarried.

- 그는 나의 남자 친구이다.
- 오늘 너 정말 아름답구나.
- 나의 아들은 교사가 되었다.

- 그건 맛있다.
- 그녀의 얼굴이 붉게 변했다.
- 그녀는 아직 미혼이다.

3 3형식 문장 🎵 13-18

3형식은 동작을 나타내는 동사의 목적어가 쓰인 문장으로 그 뒤에 다른 문장 성분이 필요 없어서 완전타동사라고 한다.

I love you.

I can solve this question.

She ate my sandwich.

She has a rose.

He finished his homework.

They want a new refrigerator.

- 나는 당신을 사랑해요.
- 그녀가 나의 샌드위치를 먹었다.
- 그는 숙제를 끝냈다.

- 나는 이 문제를 풀 수 있다.
- 그녀는 장미 한 송이를 가지고 있다.
- 그들은 새 냉장고를 원한다.

4 4형식 문장 🔊 19-24

4형식은 주로 전달하는 의미를 가진 '수여동사' 가 쓰인 문장이다. '누구에게' 에 해당하는 간접목적어와 '무엇을' 에 해당하는 직접목적어가 필요하다. '주어+동사+간접목적어+직접목적어' 의 형태를 띤다.

I gave Tom my notebook.

He teaches us mathematics.

My father bought me a new computer.

I showed them my photos.

She made me some cookies.

She told me a lie.

- 나는 톰에게 내 공책을 주었다.
- 아버지가 나에게 새 컴퓨터를 사 주었다.
- 그녀는 나에게 쿠키를 만들어 주었다.

- 그는 우리에게 수학을 가르친다.
- 나는 그들에게 나의 사진을 보여 주었다.
- 그녀는 나에게 거짓말을 했다.

5 5형식 문장 25-30

5형식은 3형식 문장과 비슷하지만 완전타동사가 아닌 불완전타동사가 쓰여서 동작을 나타내는 동사의 의미가 충분하지 못하다. 그래서 목적어 뒤에서 목적어를 뒷받침해 줄 보어가 필요하다.

She always calls me Kim.

He made me angry.

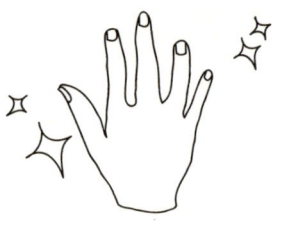

We should always keep hands clean.

He heard something break.

I found English interesting.

Mom let me close the door.

- 그녀는 항상 나를 김이라고 부른다.
- 우리는 항상 손을 깨끗하게 유지해야 한다.
- 나는 영어가 재미있다는 것을 알게 되었다.
- 그는 나를 화나게 만들었다.
- 그는 무언가가 깨지는 소리를 들었다.
- 엄마가 나에게 문을 닫으라고 했다.

Unit 2 현재

현재 시제는 '지금, 이 순간' 보다는 '늘, 언제나, 항상' 발생하거나
지속되는 상황을 말해요. "I teach English in middle school."
이라는 문장은 나는 어제도 가르쳤고, 오늘도 가르치며,
내일도 가르칠거라는 의미를 강조하기 때문에 진짜 의미는
"나는 중학교의 영어 교사이다."라는 의미예요.
현재진행 시제는 '지금, 이 순간' 진행되거나 지속되는 행위나 동작을 말해요.
진행 중이며 끝나지 않았다는 의미는 "I am trying to quit smoking."처럼
나는 담배를 끊으려는 노력을 하고 있지만 언제 끝날지 모르죠.
하지만 늘 그랬던 건 아니고 지금도 노력은 하는데 아직 끝나지 않았기에
'am trying'으로 쓴 것입니다. 그럼 내가 담배를 끊으면 어떻게 될까요?
늘 담배를 안 피우게 되니깐 진행이 아니라 현재형을 쓰죠.
"I don't smoke."

Chapter 3

현재 시제

현재 시제는 '늘, 언제나, 항상' 반복되는 행위나 지속되는 상황을 나타내며, 상태를 표현할 때는 '지금, 이 순간'의 상태 표현도 가능하다. 주어가 3인칭 단수일 경우 (he/she/it/보통 단수명사) 동사에 –s/es를 붙인다.

"오늘은 해가 동쪽에서 뜨는 중이야."라고 말하면 "이건 또 뭔 소리야?" 하게 된다.
그럼 내일은 해가 서쪽에서 뜨나? 어제는 남쪽에서 떴나? 해가 동쪽으로 뜨는 것은 늘, 언제나 반복되는 변함없는 진리이다. 그래서 이런 상황은 현재 시제로 표현한다.

The sun rises in the east.

해는 동쪽에서 뜬다.

"그는 매일 수영해요."라고 말할 때도 역시 현재 시제를 쓴다. 어쩌다가 수영하지 않는 날이 있어도 그에게는 늘, 자주 반복되는 일이기 때문에 '매일'과 '수영해요'의 시간이 서로 맞아 떨어져야 한다.

He swims every day.

그는 매일 수영한다.

1 변함없는 진리나 사실

시간이 아무리 흘러도 변하지 않는 현상이나 사실은 항상 현재 시제로 표현한다. 보통은 과학적으로 입증된 사실이나, 일반적인 사실을 나타낸다.

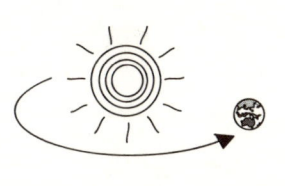

The Earth goes around the sun.

Seoul is the capital of Korea.

Water boils at 100℃.

Russia is the biggest country in the world.

A year has four seasons.

The Earth is round.

- 지구는 태양 주위를 돈다.
- 물은 섭씨 100도에서 끓는다.
- 1년에는 4계절이 있다.
- 서울은 한국의 수도이다.
- 러시아는 세계에서 가장 큰 나라이다.
- 지구는 둥글다.

2 자주 반복되는 행위 사건 🎧 7-12

현재 시제는 습관적인 행동이나 반복적인 행위로 과거부터 지금까지 반복되었고, 앞으로도 계속될 행위를 말할 때도 쓴다.

Every day

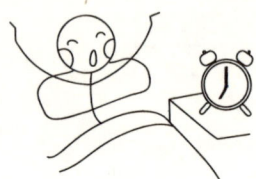

I **get** up at 7 every day.

We **take** English lessons every day.

He **goes** to school by bicycle.

on Sunday

My family **goes** out for dinner on Sundays.

She **keeps** a diary every night.

Every morning

My father **reads** a newspaper every morning.

- 나는 매일 7시에 일어난다.
- 그는 자전거를 타고 학교에 간다.
- 그녀는 매일 밤 일기를 쓴다.
- 우리는 매일 영어 수업을 듣는다.
- 나의 가족은 일요일마다 저녁에 외식하러 간다.
- 나의 아버지는 매일 아침 신문을 읽는다.

3 현재의 상태 또는 지속되는 상태 🔊 13-18

주어의 현재 모습이나 상태를 나타낼 때 현재 시제를 사용하며, 옛날부터 지금까지 지속되는 상태도 현재 시제로 나타낸다.

The game is over.

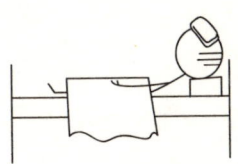

He is sick today.

I am tired now.

You always look happy.

She is my English teacher.

We are in the classroom.

- 게임은 끝났다.
- 나는 지금 피곤하다.
- 그녀는 나의 영어 선생님이다.

- 그는 오늘 아프다.
- 너는 늘 행복해 보인다.
- 우리는 교실에 있다.

Chapter 4
현재진행 시제

현재진행 시제는 'am/is/are+V-ing'의 형태로 '지금, 이 순간' 진행되거나 지속되는 행위를 나타낸다. 상태동사는 진행 시제로 쓸 수 없다.

앞서 현재 시제에서는 수영하지 않는 날이 있어도 늘, 자주 반복되는 일이기 때문에

He swims every day.
그는 매일 수영한다.

라고 현재 시제를 사용했다.

그러나 "그는 지금 수영하고 있다."라고 말할 때는 시제가 달라져야 한다. '지금, 이 순간'에 진행 중인 상황을 나타내야 하기 때문에 '지금, 이 순간'의 행위는 현재진행 시제를 사용한다.

He is swimming right now.
그는 지금 수영하고 있다.

1 지금, 이 순간 진행중인 행위 🔊 1-6

행위나 동작이 지금 이 순간에도 이루어지고 있는 과정에 있을 때 현재진행형을 사용한다.

I am jogging now.

They are singing.

She is walking on the street.

We are taking the exam.

He is smiling.

Bill is playing a computer game.

- 나는 지금 조깅 중이다.
- 그녀는 길을 걷고 있다.
- 그는 웃고 있다.
- 그들은 노래를 부르고 있다.
- 우리는 시험을 치고 있다.
- 빌은 컴퓨터 게임을 하고 있다.

2 일시적인 기간에 반복되는 행위 🔊 7-12

일시적인 기간 동안 반복적인 행위를 나타낼 때, 또는 비교적 긴 시간에 걸쳐 진행 중인 동작을 나타낼 때 현재진행형을 사용하기도 한다.

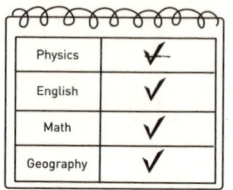

She is taking four classes this month.

Tom is getting better after taking medicine.

He is always taking his favorite pen with him.

My English speaking is getting better from this month.

I am teaching French this semester.

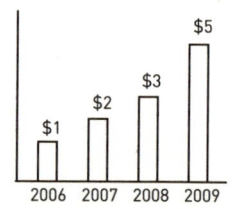

Transportations fares are becoming more expensive these days.

- 그녀는 이번 달에 수업을 4개 듣는다.
- 그는 항상 그가 가장 좋아하는 펜을 가지고 다닌다.
- 나는 이번 학기에 프랑스어를 가르친다.
- 톰은 약을 먹고 나서 좋아지고 있다.
- 이번 달부터 나의 영어 말하기 실력이 좋아지고 있다.
- 대중교통 요금이 최근에 점점 더 비싸지고 있다.

3 상태동사: 진행시제로 쓸 수 없는 동사 🔊 13-16

상태동사는 진행 시제로 쓸 수 없다. 상태동사는 머릿속 생각, 가슴속 감정, 소유, 존재 등을 의미하는 동사이다.

생각 또는 인식 동사 think, know, understand, believe, remember, forget, mean, want, realize, doubt…	 I remember that he won the prize.
감정 상태 love, like, hate, dislike, mind…	 I hate snakes.
소유 동사 have, possess, own, belong to…	 I have two young sisters.
존재 동사 be, seem, look, appear, exist…	 She looks so happy today.

- 나는 그가 상 받았던 것을 기억한다.
- 나는 뱀을 싫어한다.
- 나는 두 여동생이 있다.
- 그녀는 오늘 행복해 보인다.

4 상태 또는 행위 비교 🎧 17-22

상태를 나타내는 동사가 의미나 용법이 달라지면서 행위를 표현할 때가 있다. 이때는 진행 시제가 가능하다.

The cake tastes delicious.

The cook is tasting the cake.

my car

I have a small car.

I am having lunch now.

He is always rude to other people.

He is being rude today.

- 그 케이크는 맛이 좋다.
- 나는 작은 자동차를 갖고 있다.
- 그는 늘 다른 사람들에게 무례하다.

- 요리사가 케이크를 맛보고 있다.
- 나는 지금 점심을 먹는 중이다.
- 그는 오늘 버릇없이 행동하고 있다.

Unit 3 과거

과거의 일에 관해 말할 때 쓰는 시제는 크게 4가지가 있어요.
1. 과거 시제 (V-ed)
2. 과거진행 시제 (was/were+V-ing)
3. 현재완료 시제 (have/has+p.p.)
4. 과거완료 시제 (had+p.p.)

4가지 시제가 있다는 것은 과거지사를 과거의 일로만 생각하면 안 된다는 것을 의미해요. 단순히 과거의 일로만 말하는 것인지(과거, 과거진행), 과거의 일이 현재까지 영향을 미치는 상황을 나타내는 것인지(현재완료), 과거보다 더 먼 과거를 이야기하는 것인지(과거완료)를 구별해야 해요.

Chapter 5
과거 시제

과거 시제는 동사가 나타내는 상태나 행위,
동작이 과거에 시작되어 과거에 이미 끝난 것을 의미한다.
주로 과거의 시간을 나타내는 부사
(yesterday, last month, last week, ago 등)와 함께 쓰인다.

동사의 동작이나 상태가 끝난 것은 대부분 과거 시제를 쓴다.
1초 전에 휴지를 버린 동작이나 160억년 전 빅뱅이 일어난 동작도
다 끝난 동작이기에 모두 과거 시제를 쓴다.

I met his girlfriend yesterday.
나는 어제 그의 여자 친구를 만났다.

• •

I had a terrible car accident 3 years ago.
나는 3년 전 끔찍한 사고를 당했다.

I 과거의 행위 🔊 1-6

과거 어느 순간에 한 번 발생한 행위는 과거 시제로 표현한다. 다른 시제의 동사 형태와 구별하기 위해 동사에 –ed를 붙여 쓰는 규칙동사와 불규칙하게 변하는 불규칙동사가 있다.(부록 참고)

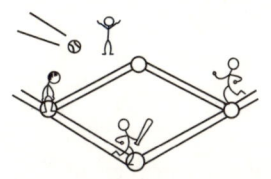

I played baseball last Sunday.

I saw her enter the theater.

She introduced one of her friends to me yesterday.

They spent a lot of money on playing games.

The teacher gave us a lot of homework.

My sister left for Paris three hours ago.

- 나는 지난 일요일에 야구를 했다.
- 그녀는 어제 나에게 그녀의 친구를 소개시켜 주었다.
- 선생님이 우리에게 많은 숙제를 내 주었다.
- 나는 극장에 들어가는 그녀를 보았다.
- 그들은 게임을 하는데 많은 돈을 썼다.
- 나의 여동생은 세 시간 전에 파리로 떠났다.

2 과거의 습관이나 반복 7-12

과거 어느 기간 동안 발생한 습관이나 반복적인 행위를 나타낼 때는 빈도부사인 always, usually, often, every 등과 함께 과거 시제를 쓴다. 또는 used to, would와 같은 조동사를 사용하여 과거의 습관이나 반복을 나타낸다.

I always woke at 6 o'clock when I was in high school.

I would often visit my grandmother when she was alive.

There used to be a bakery across the street.

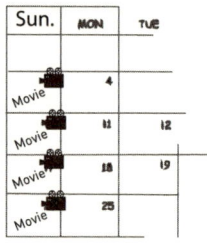

We went to a movie every Sunday.

She studied French last semester.

I used to write a letter to her last year.

- 나는 고등학교에 다닐 때 항상 6시에 일어났다.
- 길 건너에는 빵집이 있었다.
- 그녀는 지난 학기에 프랑스어를 공부했다.
- 나는 할머니께서 살아 계실 때 종종 찾아 뵙곤 했다.
- 우리는 일요일마다 영화를 보러 갔다.
- 나는 작년에 그녀에게 편지를 쓰곤 했다.

3 과거의 상태

과거 어느 순간의 상태 또는 과거에서 시작해서 과거에서 끝난 지속적인 상태는 과거 시제를 쓴다. be동사를 비롯한 상태동사가 표현하는 시제이다.

I was a high school student when I was 18.

She got married when she ran into her first love at the party.

You were in the library yesterday.

He became a doctor.

I got tired after school.

My mom looked very angry at me.

- 내가 열 여덟 살일 때 나는 고등학생이었다.
- 너는 어제 도서관에 있었다.
- 나는 학교가 끝난 뒤 피곤해졌다.
- 그녀가 파티에서 첫사랑을 만났을 당시 그녀는 결혼한 상태였다.
- 그는 의사가 되었다.
- 엄마는 나에게 매우 화가 난 것처럼 보였다.

4 불규칙 동사 🎵 19-24

동사가 불규칙하게 형태를 바꾸는 것들은 외워서 익혀야 한다. (부록 참고)

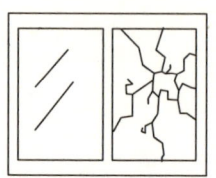

break ➡ broke
broke the window

shake ➡ shook
shook hands

cut ➡ cut
cut the trees

teach ➡ taught
taught English

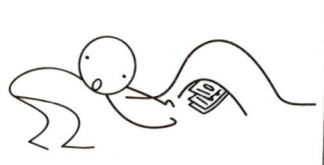

hide ➡ hid
hid the money

win ➡ won
won the game

- 창문을 깼다.
- 나무를 잘랐다.
- 돈을 감추었다.
- 악수를 했다.
- 영어를 가르쳤다.
- 경기에서 우승했다.

Chapter 6
과거진행 시제

과거진행 시제는 과거 어느 순간에 진행 중이거나 지속되는 행위를 나타낸다.
따라서 문맥에 과거의 순간이 설정되어야 하는데,
과거의 순간을 정확하게 나타내는 시간부사나 전치사가 제시된다.
또한 종속절이 나오면서 주절과 종속절의 동사 사이에 시간 관계가 제시되면서
과거진행 시제가 쓰이기도 한다.

쉽게 말하자면 과거에 일어난 사건은 무조건 과거 시제를 쓰면 되지만,
예를 들어 2개 이상의 과거의 시제가 서로 만나 두 동작간의 관계를
설명할 필요가 있을 때 과거진행 시제를 사용한다.

I was watching TV when my mother came back home.

내가 TV를 보는 동작과 엄마가 집에 돌아오는 동작은
모두 끝난 동작으로 기본적으로는 과거 시제이지만
내가 TV를 보는 동작은 엄마가 집에 돌아온 동작의 시점에서
먼저 일어나서 끝나지 않은 '진행 중'이란 뜻이다.

1 과거진행 시제 (1) 1-6

과거진행 시제는 과거 어느 순간의 행위가 진행 중이거나 지속될 때 사용한다.
형태는 'was/were+V-ing'이다.

I was reading a book at 10 last night.

She was cleaning her room when I opened the door.

You were sleeping in bed when I arrived.

He was washing his face at 7 this morning.

Tom was cooking dinner at that time.

They were looking at the teacher when they were asked about the accident.

- 나는 어젯밤 10시에 책을 읽고 있었다.
- 내가 도착했을 때 너는 침대에서 자고 있었다.
- 톰은 그때 저녁을 만들고 있었다.
- 내가 문을 열었을 때 그녀는 방을 청소하고 있었다.
- 그는 오늘 아침 7시에 세수를 하고 있었다.
- 그들이 그 사고에 대해 질문을 받았을 때 그들은 선생님을 쳐다보고 있었다.

1-1 과거진행 시제 (2) 🔊 7-12

주절과 종속절이 함께 올 때 두 행위 중 비교적 긴 행위가 진행 시제로 쓰일 때가 많다.

I was reading a newspaper when you called me.

The telephone rang when I was having breakfast.

When I was taking a shower, my parents got home.

I was hungry when you were talking about pizza.

While you went out for dinner, I was sleeping.

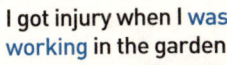

I got injury when I was working in the garden.

- 네가 전화했을 때 나는 신문을 읽고 있었다.
- 내가 샤워를 하고 있을 때, 나의 부모님께서 집에 도착하셨다.
- 네가 저녁을 먹으러 나가 있는 동안, 나는 자고 있었다.

- 내가 아침을 먹고 있을 때, 전화벨이 울렸다.
- 네가 피자에 대해 말하고 있을 때 나는 배가 고팠다.
- 나는 정원에서 일하다가 부상을 입었다.

2 배경 묘사 🎧 13-18

과거에 발생한 일을 전달하거나 묘사할 때 과거진행 시제는 배경 묘사의 효과를 나타낼 때가 많다.

When we were driving home last night, we saw a strange object in the sky.

The sun was shining when I got up early in the morning.

While Sara was drawing a picture, the teacher was standing behind her.

While I was sitting on the bench, it suddenly began to rain.

As we were watching it, it suddenly flew away and disappeared.

When we were driving down the hill, lightning flashed.

- 어젯밤 우리는 집으로 차를 타고 가는 중에 하늘에서 이상한 물체를 보았다. • 사라가 그림을 그리는 동안, 선생님은 그녀의 뒤에 서 있었다. • 우리가 그것을 바라보고 있을 때, 그것은 갑자기 날아가서 사라졌다.
- 내가 아침에 일찍 일어났을 때 해가 눈부시게 빛나고 있었다. • 내가 벤치에 앉아 있는 동안, 갑자기 비가 내리기 시작했다. • 우리가 언덕을 운전하면서 지나가고 있을 때 번개가 쳤다.

Chapter 7
현재완료 시제

현재완료는 과거에 일어난 동작이나 상태가 현재 시점까지 연결되는 시제이며, 다음과 같은 시간상의 상황을 나타낸다.

1 과거에 한 번 발생한 행위가 현재까지 그 결과나 영향을 미칠 때

2 과거에 반복되었던 일이 현재나 미래에 또 발생할 가능성이 있을 때

3 과거에 발생한 상황이나 상태가 현재까지 계속되어 지금도 그 상태일 때

주의할 점은 특정 과거 시점을 나타내는 부사,
즉 yesterday, last week, ago, in 1999 등하고는 쓰지 않는다.

I 현재완료 시제의 형태

현재완료는 have/has+과거분사(p.p.)의 형태를 띤다.

She has just arrived.

You have not finished your homework yet.

I have lived in Seoul for 2 years.

He has gone.

I have lost my wallet.

He has not arrived yet.

- 그녀는 막 도착하였다.
- 나는 2년 동안 서울에서 살고 있다.
- 나는 내 지갑을 잃어버렸다.
- 너는 아직 숙제를 끝내지 못했다.
- 그는 떠나 버렸다.
- 그는 아직 도착하지 않았다.

2 과거 행위가 현재에 미치는 결과 🎧 7-12

조금 전에 완료된 행위나 사건의 결과가 현재에까지 이어지면 과거 시제를 쓰기보다 현재완료 시제를 써서 그 의미를 더욱 명확하게 나타낼 수 있다. 이때 already, just 등이 자주 사용되며, 의문문이나 부정문에서 yet를 쓰는 경우가 많다.

I have lost my key.

I have broken my leg.

She has gone to America.

We have already finished our homework.

Mr. Kim has just left Seoul.

Bill has washed his shirts.

- 나는 열쇠를 잃어버렸다. (지금은 열쇠가 없다.) • 그녀는 미국으로 떠나 버렸다. (그녀는 지금 여기에 없다.) • 김씨는 방금 서울을 떠났다. (지금 김씨는 여기에 없다.)
- 나는 다리가 부러졌다. (내 다리는 아직 부러진 상태이다.) • 우리는 이미 숙제를 끝냈다. (지금 휴식을 취하고 있다.) • 빌은 그의 셔츠를 빨았다. (지금은 셔츠가 깨끗한 상태이다.)

3 현재에 이르기까지 반복된 행위나 사건 🎵 13-18

현재완료 시제는 또한 현재까지 이루어진 반복된 행위나 사건을 나타낼 때 쓰기도 한다. 마찬가지로 정확한 시간은 언급하지 않고 과거의 어느 시점에 있었던 일을 나타낸다. 과거에 여러 번 경험한 일을 나타낼 때 자주 쓴다.

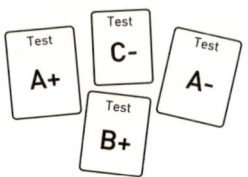

We have had four tests so far this semester.

She has never been to Japan.

How many times have you been to Japan?

I have seen this movie many times.

I have met many people since I came here in June.

He has read this book three times for the test.

- 우리는 이번 학기 들어 지금까지 4번의 시험을 쳤다. • 당신은 일본에 몇 번 가 봤나요? • 나는 6월에 이곳에 온 이후로 많은 사람들을 만났다.
- 그녀는 일본에 갔다 온 적이 없다.
- 나는 이 영화를 여러 번 보았다.
- 그는 그 시험 때문에 이 책을 세 번 읽었다.

4 현재에 이르기까지 지속된 상태 🎧 19-24

과거에 시작되어 현재까지 계속 이어지는 상태를 나타낼 때도 현재완료 시제를 쓴다. 보통 since, for가 이끄는 부사구가 같이 쓰이며, 흔히 '계속적 용법'이라고 한다. 행위가 계속될 때는 현재완료 진행을 쓴다.

She has been in hospital since Monday.

I have been in Busan for two weeks.

Where has he stayed these days?

We have known each other for a long time.

The door has been broken for 2 months.

Ted has been in the army for three years.

- 그녀는 월요일부터 병원에 입원해 있다.
- 요즘 그는 어디서 지내고 있니?
- 그 문은 두 달 동안 망가진 채 방치되었다.
- 나는 2주 동안 부산에 있었다.
- 우리는 서로 오랫동안 알고 지냈다.
- 테드는 3년 동안 군대에 있었다.

5 현재에 이르기까지 지속된 행위 MP3 25-30

과거에 시작해서 현재까지 계속 진행 중인 동작을 묘사할 때 현재완료 진행형을 쓴다. 진행 시제의 하나이므로 상태를 나타내는 동사는 쓸 수 없다. for와 since 가 자주 사용된다.

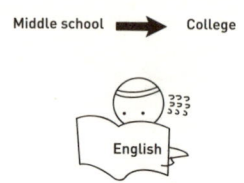

I've been learning English for a long time.

Sara has been waiting for her boyfriend for an hour.

They have been playing chess for two hours.

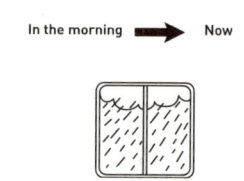

It's been raining since I got up this morning.

I've been collecting coins since I was a child.

He has been studying English since he got out of bed.

- 나는 오랫동안 영어를 배우고 있다.
- 그들은 두 시간째 체스를 두고 있다.
- 나는 내가 어렸을 때부터 동전을 모으고 있다.

- 사라는 그녀의 남자 친구를 한 시간째 기다리고 있다. • 오늘 아침에 내가 일어났을 때부터 비가 계속 오고 있다. • 그는 일어나서부터 영어 공부를 하고 있다.

Chapter 8
과거완료 시제

과거완료 시제는 과거의 사건보다 먼저 발생한 것을 가리킨다.
더 정확히 말하면 과거완료 시제는 (1)과거 시제의 과거(대과거)와
(2)현재완료 시제의 과거가 있다. 이들은 과거 사건과 비교해서
먼저 발생한 일을 나타낼 뿐만 아니라 현재완료 시제가 표현하는 상황이나
의미도 과거를 기준으로 나타낼 수 있다.
따라서 비교할 수 있는 과거 사건이 있어야 쓸 수 있는 시제이다.

When I arrived at the station, the train left.

여기서 나는 그 기차를 탔을까?
어떤 일이 먼저 일어났는지를 명확하게 표현하기 위해

When I arrived at the station, the train had left.

처럼 과거완료 시제를 사용한다.

I 과거완료 시제 형태 🔊 1-6

과거완료 시제의 형태는 had+과거분사(p.p.)이다.

He had already gotten a job when he graduated from high school.

Tom had gone to bed when I went to his house.

They had lived in L.A for 10 months before they moved to New York.

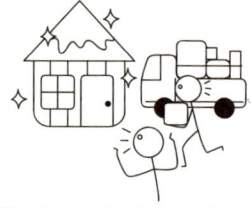

The house had already been painted before my family moved in.

After the guests had left, I went to bed.

Until yesterday, I had never heard about the news.

- 그는 고등학교를 졸업했을 때 이미 직업을 가지고 있었다. • 그들은 뉴욕으로 이사 가기 전에 L.A에서 10개월 동안 살았다. • 손님들이 떠난 후에 나는 잠자리에 들었다.

- 톰은 내가 그의 집으로 갔을 때 이미 잠자리에 든 상태였다. • 그 집은 우리 가족이 그 집으로 이사하기 전에 이미 페인트칠이 되어 있었다. • 어제까지 나는 그 소식에 대해서 들어 본 적이 없었다.

2 과거 사실 보다 먼저 발생한 행위

과거완료 시제의 기본적인 의미는 과거 시제보다 앞선 시제라는 것이다. 그러므로 과거의 어느 시점보다 먼저 일어난 행위나 상태, 동작은 과거완료 시제로 표현한다.

He said that he had met her the day before.

Sara had come to the party before Bill came.

He had wanted to become a doctor when he was in middle school.

I didn't know him by face; for I had never seen him before.

She had just arrived when we called her house.

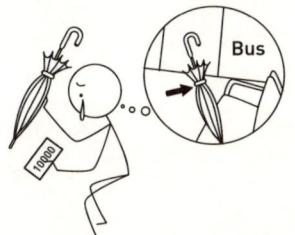

I bought an umbrella last week; for I had lost my old one.

- 그는 그 전날 그녀를 만난 적이 있다고 말했다. • 그는 중학교에 다닐 때 의사가 되고 싶어 했다. • 그녀는 우리가 그녀의 집에 전화했을 때 막 도착한 상태였다.
- 사라는 빌이 오기 전에 파티에 도착했다.
- 나는 그를 전에 본 적이 없어서 그의 얼굴을 알지 못했다. • 나는 우산을 잃어버려서 지난주에 우산을 하나 샀다.

3 과거 상태보다 먼저 지속된 상태

현재완료 시제에서 언급한 과거에서 현재까지 지속되는 시제와 같은 의미로, 과거보다 앞서는 시제부터 과거까지 계속되는 상태에 대해 표현할 때 과거완료 시제를 사용한다.

When we called on her, she had been ill in bed for a week.

You were in the classroom at 6 o'clock. Where had you been before that?

When we got home last night, we found that someone had broken the window.

She had been angry at me by the time I apologized to her.

Test1 | Test2
Test3 | Test4
Last semester

I had had four tests until last semester ended.

He had never met his girlfriend for two weeks until her birthday.

- 우리가 그녀에게 전화했을 때 그녀는 일주일 동안 아파서 침대에 누워 있었다. • 우리가 어젯밤 집에 도착했을 때, 우리는 누군가가 창문을 깼다는 것을 알아챘다. • 나는 지난 학기가 끝날 때까지 4개의 시험을 쳤다.
- 너는 6시엔 교실에 있었잖아. 그 전엔 어디에 있었어? • 그녀는 내가 사과하기 전까지 나에게 화나 있었다. • 그는 여자 친구의 생일까지 2주 동안 그녀를 만나지 못했다.

4 과거 어느 순간까지 지속된 행위 🎧 19-24

과거완료진행형은 과거의 어느 동작이나 행위가 있기 전에 이미 진행 중이던 동작을 나타낼 때 사용한다. 진행형이므로 동작을 나타내는 동사만 표현이 가능하고 상태를 나타내는 동사는 쓸 수 없다.

His hair was still wet because he had been swimming.

At last the bus came. I had been waiting for 20 minutes.

I had been waiting my turn in a line for two hours before someone cut in the line.

We had been playing tennis for about an hour when it started to rain very heavily.

She had been studying French by the time she went to bed.

She was very tired because she had been working all day.

- 그는 수영을 하고 있었기 때문에 머리카락이 아직 젖어 있었다. • 나는 누군가가 끼어들기 전까지 2시간 동안 줄을 서서 기다리고 있었다. • 그녀는 잠자리에 들기 전까지 프랑스어를 공부하고 있었다.

- 마침내 버스가 도착했다. 나는 20분 동안 기다리고 있었다. • 우리는 비가 마구 쏟아지기 시작했을 때 거의 한 시간 동안 테니스를 치고 있었다. • 그녀는 하루 종일 일을 하고 있었기 때문에 매우 피곤했다.

Unit 4 미래

점쟁이도 미래를 알기란 어렵죠.
미래는 불확실하고, 막연하기 때문에 추측할 수밖에 없어요. 하지만 막연한 추측만 있는 것은 아니죠. 아주 가까운 미래는 좀 더 확실하게 말할 수 있을 거예요. 말하는 사람의 의도나 계획이 분명하면 더욱 확실하게 추측할 수도 있겠죠. 또한 사실이나 다름 없는 미래도 있답니다.

미래 시제를 공부한다는 것은 이러한 상황을 구별하고, 그 상황에 맞는 표현법을 익히는 거예요. 따라서 미래 상황을 묘사하는 문장을 읽을 때는 말하는 사람이 어떤 상황을 그리며 말하는지 상상하는 것이 중요해요.

Chapter 9
미래 시제

미래 시제는 상황에 따라 여러 표현을 쓴다.

1. 예측: will / be going to do

2. 자발적인 결정: will

3. 의도와 계획: be going to do 현재진행 시제

4. 일정표: 현재 시제

5. 시간과 조건의 부사절: 현재 시제

이러한 시제는 미래를 표현하는 부사구 tomorrow, next week, in 2020 등과 함께 사용한다.

1 막연한 예측: will/be going to do 🔊 1-6

막연한 예측이나 시간이 흐르면서 자연스럽게 발생하게 될 일은 will과 be going to do를 모두 쓸 수 있다.

I'll be 24 next year.

It is going to rain soon.

He will be here in a minute.

I'm going to buy something for dinner.

Will she come to the party?

I'm going to wash my car this Sunday.

- 나는 내년에 24살이 된다.
- 그는 곧 이곳에 올 것이다.
- 그녀가 파티에 올까요?

- 곧 비가 올 것 같아요.
- 나는 저녁거리로 뭐든 살 것이다.
- 나는 이번 일요일에 세차를 할 것이다.

2 자발적인 결정: will 🎵 7-12

미리 의도하거나 계획하지 않은 행위, 즉 그 자리에서 바로 결정하는 일은 will 을 쓴다. 이때 be going to do는 쓸 수 없다.

I will take a taxi.

She will never come back.

He will answer my call.

I won't pay the bill.

I will ring you tomorrow at six.

You will never believe what happened.

- 나 택시 탈래.
- 그는 내 전화를 받을 거야.
- 내가 내일 6시에 너에게 전화할게.
- 그녀는 돌아오지 않을 것이다.
- 나는 그 요금을 내지 않을 거야.
- 너는 어떤 일이 있었는지 믿지 않을 것이다.

3 의도나 계획: be going to do 13-18

be going to do는 미리 의도하거나 계획한 일을 말할 때 사용한다. 미래를 나타내는 정확한 시간 표현이나 상황이 제시되는 경우가 많다.

We're going to have a party in the park tomorrow.

We're going to invite some friends for the party.

We're going to take a math exam next week.

He's going to start a new business next year.

He's going to buy a new car this Friday.

We are going to (go to) the theater tonight. We have tickets.

• 우리는 내일 공원에서 파티를 열 예정이다. • 우리는 다음 주에 수학 시험을 칠 것이다. • 그는 이번 주 금요일에 새 차를 살 계획이다.

• 우리는 파티에 몇몇 친구들을 초대할 계획이다. • 그는 내년에 새 사업을 시작할 것이다. • 우리는 오늘 밤에 극장에 갈 거예요. 표를 사 놨어요.

3-1 의도나 계획: 현재진행 시제 🎵 19-24

이미 예정되어 있거나 계획한 일을 말할 때 현재진행 시제를 쓸 수 있다. 주로 미래를 나타내는 부사구(tomorrow, next week, next Sunday, this evening, soon 등)와 함께 사용한다. 현재에 진행 중인 것을 나타내는 현재진행 시제와 구별해야 한다.

He is leaving for Paris next week.

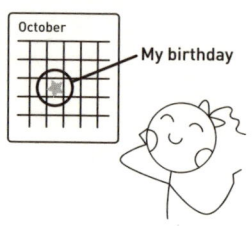

My birthday is coming soon.

He is attending the lecture on the Revolutionary War this afternoon.

We're meeting the author of this book tomorrow.

I'm going to school in an hour.

Mark is making a speech in front of the audience this evening.

- 그는 다음 주에 파리로 떠난다. • 그는 오늘 오후 독립 전쟁에 관한 강의에 참석할 것이다. • 나는 한 시간 후 학교로 갈 것이다.
- 내 생일이 다가온다. • 우리는 내일 이 책의 저자를 만날 것이다. • 마크는 오늘 저녁 청중들 앞에서 연설을 할 것이다.

4 일정표: 현재 시제 🎧 25-30

개인적인 일정은 현재 시제로 쓸 수 없지만, 시간표나 일정표에 정해진 시간대로 이루어지는 영화나 공연, 운동 경기, 교통수단에 대해 표현할 때는 현재 시제가 미래의 뜻으로 쓰인다.

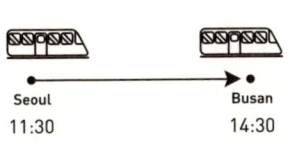

The train leaves Seoul at 11:30 and arrives in Busan at 14:30.

The baseball game starts at 5 o'clock this Sunday.

The last bus of today leaves at 11 p.m..

This movie begins in an hour.

My office hours begin 10 o'clock tomorrow.

What time do you finish work tomorrow?

- 그 기차는 11시 30분에 서울을 출발해서 14시 30분에 부산에 도착한다. • 오늘의 마지막 버스는 오후 11시에 출발한다. • 내일 업무를 10시에 시작한다.
- 야구 시합은 이번 주 일요일 5시에 시작한다. • 이 영화는 한 시간 안에 시작한다. • 당신은 내일 몇 시에 일이 끝나요?

5 시간/조건의 부사절 (MP3) 31-36

시간이나 조건을 나타내는 when, before, after, if로 시작하는 문장에서는 현재 시제가 미래의 뜻을 나타낸다. 즉 when, if절에서는 will이나 be going to를 쓰지 않는다.

I will finish the work before you come.

I will repair your bicycle when I finish this task.

I will wait here until she comes.

I'll open the box when he comes back.

I'll tell you about the news after I read the newspaper.

If it rains tomorrow, I will stay at home.

• 나는 네가 오기 전에 그 일을 마칠 것이다. • 나는 그녀가 올 때까지 여기서 기다릴 것이다. 내가 신문을 읽은 후에 그 소식에 대해 너에게 말해 줄게.

• 나는 이 일을 마치면 너의 자전거를 고쳐 줄 것이다. • 나는 그가 돌아오면 그 상자를 열어 볼 것이다. • 만약 내일 비가 온다면, 나는 집에 있을 것이다.

Chapter 10
미래진행과
미래완료 시제

미래의 일에 관해 말하는 시제로 미래 시제 외에 미래진행 시제와 미래완료 시제가 있다. 모두 미래의 어느 순간 또는 시점과 비교해서 비교적 긴 기간을 나타내는 시제이다.

1. 미래진행시제는 기본적으로 진행시제의 기본적인 용법과 동일하다. 당연히 상태동사는 미래진행을 나타낼 수 없다.

2. 미래완료시제는 현재완료시제의 현재시점을 미래의 시점으로 옮긴것에 불과하다. 따라서 현재 또는 과거부터 미래의 어느 시점에 이르기까지 발생한 행위의 결과나 상태의 지속을 표현한다.

I 미래진행 시제

미래의 어느 순간에 진행 중이거나 지속되는 행위는 미래진행 시제를 쓴다. 진행 시제이므로 상태동사를 쓸 수 없는 점은 다른 진행 시제와 같다. 형태는 will be+V-ing이다.

I'll be watching the game at 8:30.

When school is over, Kevin will be waiting for us in front of school.

At 4:00, they'll be playing tennis.

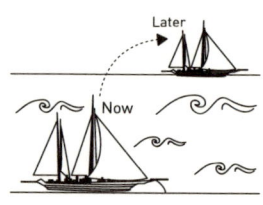

The ship will be leaving in a few minutes.

Will you be staying for more than one night Mrs. Jones?

I'll be sleeping when you come home.

• 나는 8시 30분에 그 시합을 보고 있을 것이다. • 4시에 그들은 테니스를 치고 있을 것이다. • 존스 부인, 하루 이상 머무르실 겁니까?

• 학교 수업이 끝나면, 케빈이 학교 앞에서 우리를 기다리고 있을 것이다. • 그 배는 몇 분 후에 떠나고 있을 것이다. • 나는 네가 집에 오면 자고 있을 것이다.

2 미래완료 시제

미래완료 시제는 현재나 과거의 일이 미래의 어느 순간까지 이어져, 그 결과가 남거나 상황이 지속되는 경우에 쓴다. 형태는 will have+과거분사(p.p.)이다.

Sara will have gone to work when you come to her house.

When you are 19 years old, I will have lived in London for 3 years.

Tom's play will already have started by the time we get to the theater.

Next year they will have been married for 25 years.

By the time you finish your work, dinner will have been ready.

By the end of the year, I will have lost a lot of weight.

- 네가 사라의 집에 도착할 때면 그녀는 이미 일하러 갔을 것이다. • 우리가 극장에 도착할 때면 톰의 연극은 이미 시작했을 것이다. • 네가 일을 마칠 때면 저녁 식사가 준비되어 있을 것이다.

- 네가 19살이 되면 나는 런던에서 3년째 살고 있을 것이다. • 내년이면 그들이 결혼한 지 25년째가 될 것이다. • 연말이면 나는 체중이 많이 빠져 있을 것이다.

Unit 5 의문문

묻고 답하는 것으로부터 말하기가 시작돼요.
아이가 말문이 트이기 시작하면 세상은 궁금한 것 투성이죠.
밑도 끝도 없이 하는 질문에 엄마는 끊임없이 대답을 해 준답니다.
오죽하면 모국어를 'mother tongue'라고 할까요?

아이가 자라서 생각이 깊고 넓어지면 궁금해서 물어보는 것으로
그치지 않아요. 자기 생각을 확인하고 싶을 때, 예의를 갖추어야 할 때,
아니라는 것을 강하게 표현하고 싶을 때, 심지어는 비꼴 때에도
의문문을 씁니다.

Chapter 11
네/아니오 의문문?

영어에서 평서문의 문장은 '주어+동사'의 어순으로 되어 있다.
하지만 영어에서 의문문을 표현하는 방법은 주어 앞에 동사를
위치시키거나 조동사를 두는 것이다. 이러한 의문문은 그 대답으로
yes 또는 no를 사용하기 때문에 Yes/No Questions라고 한다.

Yes/No Questions는 그 문장에 대한 대답을
yes 또는 no로 할 수 있는 의문문으로 다음과 같이 분류할 수 있다.

1. be동사로 시작하는 의문문

2. do로 시작하는 의문문

3. have로 시작하는 의문문

4. modal verb(법조동사)로 시작하는 의문문

I Yes/No Questions의 형태 🔊 1-6

A: Are you a student?
B: Yes, I am.

A: Have you met Sara before?
B: Yes, I have.

A: Can you swim?
B: No, I can't.

A: Will you close the window?
B: Yes, I will.

A: Do you love him?
B: No, I don't.

A: May I ask you something?
B: Yes, you may.

- A : 당신은 학생인가요? B : 네, 그래요.
- A : 당신은 수영할 수 있나요?
  B : 아니오, 못해요.
- A : 당신은 그를 사랑하나요?
  B : 아니오, 사랑하지 않아요.
- A : 당신은 전에 사라를 만난 적이 있나요?
  B : 네, 만난 적 있어요.
- A : 창문 좀 닫아 줄래요? B : 네, 그럴게요.
- A : 내가 당신에게 뭔가 물어봐도 될까요?
  B : 네, 그러세요.

2 be동사로 시작하는 의문문 🎵 7-12

be동사가 쓰인 평서문을 의문문으로 만들 때는 주어 앞에 be동사를 위치시킨다.

Is he your teacher?

Was she beautiful?

Are they your friends?

Were we at the theater at 6 o'clock?

Are you going to go out tonight?

Is she reading a magazine now?

- 그는 당신의 선생님인가요?
- 그들은 당신의 친구들인가요?
- 당신은 오늘 밤 외출할 건가요?

- 그녀는 아름다웠나요?
- 우리가 여섯 시에 극장에 있었나요?
- 그녀는 지금 잡지를 읽고 있나요?

3 do로 시작하는 의문문 MP3 13-18

be동사, 조동사가 아닌 일반동사가 있는 평서문은 주어 앞에 do를 놓아서 의문문 형태를 만든다. 3인칭 주어일 때는 does를 쓰고, 과거 시제일 경우 do의 과거형인 did를 쓴다.

Do you like pizza?

Did she look bad?

Does he have a piano?

Does Ted like her?

Do they know about the news?

Did you have breakfast?

- 당신은 피자를 좋아하나요?
- 그는 피아노를 가지고 있나요?
- 그들이 그 소식에 대해 알고 있나요?

- 그녀가 안 좋아 보였나요?
- 테드가 그녀를 좋아하나요?
- 당신은 아침을 먹었어요?

4 have로 시작하는 의문문 🎵 19-24

현재완료 시제에서 사용되는 have는 일반동사라기보다 조동사의 개념에 가깝다. 그래서 현재완료 시제의 의문문은 주어 앞에 have를 놓아서 의문문 형태를 만든다.

Have you **heard** anything about Jane?

Have you **lost** your key?

Has my mom **come** yet?

Has she **gone**?

Have we **met** somewhere before?

Have you ever **been** to London?

- 제인에 대해서 뭔가 들은 것이 있나요?
- 엄마가 벌써 왔어요?
- 우리가 전에 어디서 만난 적이 있나요?
- 당신은 열쇠를 잃어 버린 적이 있나요?
- 그녀가 떠났나요?
- 런던에 가본 적이 있나요?

5 modal verb(법조동사)로 시작하는 의문문 🔊 25-30

can, will, may, should, shall 등과 같은 법조동사가 쓰인 문장은 그 뒤에 동사원형이 있지만 주어 앞으로 조동사를 이동시켜서 의문문 형태를 만든다.

Will he **ask** me to marry?

May I **go** home now?

Can you **speak** Japanese?

Should I **answer** it now?

Shall I **get** you a cup of coffee?

Will you **have** dinner with me tonight?

- 그가 나에게 결혼하자고 물어볼까요?
- 당신은 일본어를 할 줄 아나요?
- 내가 커피 한잔 갖다 줄까요?

- 내가 지금 집에 가도 될까요?
- 내가 그걸 지금 대답해야 하나요?
- 나와 오늘 밤에 저녁 먹을까요?

Chapter 12

wh 의문문 ?

영어의 의문문에는 yes나 no로 대답할 수 있는
Yes/No Questions 말고 의문사를 이용한 wh 의문문이 있다.
의문사에는

who(누구)

what(무엇)

how(어떻게)

where(어디)

when/what time(언제)

why(왜) 가 있으며,

yes나 no로 대답하면 안 되고 의문사의 내용에 맞는 대답을 해야 한다.
의문사는 그 특성상 항상 문장 앞에 위치하므로
wh 의문문의 어순은 다음과 같다.

의문사 + be/do/have/조동사 + 주어 + …

I Wh Questions의 형태 🔊 1-6

Who is your mom among them?

Where have you been for two hours?

When did you call me?

How do you go to school?

Why do you love him?

What are you doing?

- 저분들 중에서 네 엄마는 누구시니?
- 당신이 언제 나한테 전화했나요?
- 당신은 왜 그를 사랑하나요?

- 너 2시간 동안 어디에 있었어?
- 당신은 학교에 어떻게 가나요?
- 뭐하고 있니?

2 who 7-12

who는 '누구'에 해당하는 말로 사람에 대해 물어볼 때 사용한다.

Who is running on the playground?

Who is she?

Who is going to pay?

Who do you like most in the class?

Who did you call last night?

Who can answer the question in French?

- 누가 운동장에서 뛰고 있나요?
- 누가 계산할 건가요?
- 어젯밤 누구에게 전화했니?
- 그녀는 누구인가요?
- 너는 반에서 누구를 가장 좋아하니?
- 누가 이 질문에 프랑스어로 대답할 수 있나요?

3 what 🎵 13-18

what은 '무엇'에 해당하는 의문사로 사물이나 행위, 동작에 대해 물어볼 때 사용한다.

What is she doing in her room? | What did you do to your brother?

What can I do for you? | What happened to your left hand?

  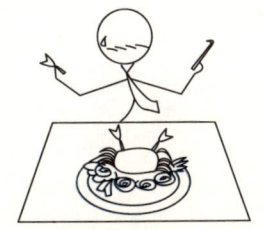

What was it? | What should I do with this?

- 그녀는 방에서 무엇을 하고 있을까?
- 내가 무엇을 해 줄까요?
- 그게 뭐였지?

- 너 동생에게 무슨 짓을 한 거니?
- 너 왼쪽 팔이 왜 그래?
- 나는 이걸로 무엇을 해야 하나요?

4 how 🎵 19-24

how는 '어떻게', '얼마나' 라는 의미를 가지고 있는 의문사로써 방법이나 정도에 대해 물어볼 때 쓰인다. how는 다양한 수식어와 함께 많은 표현이 가능한 의문사이다.

How old is he?

How can I use this copy machine?

How much is that sandwich?

How did you solve this question?

How many cars do you have?

How long have you been in Seoul?

- 그는 몇 살인가요?
- 저 샌드위치는 얼마예요?
- 당신은 얼마나 많은 자동차를 가지고 있나요?
- 이 복사기를 어떻게 사용하나요?
- 너 어떻게 이 문제를 풀었어?
- 당신은 서울에 얼마나 있었나요?

5 where 🎵 25-30

where은 '어디'에 해당하는 의문사로, 장소에 관하여 물어볼 때 사용한다.

Where does he work at?

Where are you going to?

Where is the ticket office?

Where can I get a map of the world?

Where is he going to visit this summer?

Where did you get this?

- 그는 어디에서 일하나요?
- 매표소는 어디에 있나요?
- 그는 이번 여름에 어디를 방문할 건가요?

- 당신은 어디로 가나요?
- 세계 지도를 어디서 구할 수 있나요?
- 당신은 이거 어디서 구했어요?

6 when/what time 31-36

시간을 묻는 의문사인 when은 '언제', what time은 '몇 시'를 의미한다. when은 접속사로도 쓰여서 '~할 때'로 해석되는 경우가 있으니 의문사 when과 구별하는데 주의해야 한다.

When is your birthday?

What time is it?

When did you get her number?

What time did you finish the work?

When are you going to finish?

What time do you go to school?

- 당신의 생일은 언제인가요?
- 언제 그녀의 전화번호를 얻은 거야?
- 너 언제 끝나니?

- 지금 몇 시죠?
- 당신은 몇 시에 일이 끝났어요?
- 당신은 몇 시에 학교에 가나요?

ㄱ why

why는 이유나 원인을 묻는 의문사이다.

Why are you so serious?

Why was he late today?

Why do you want my camera?

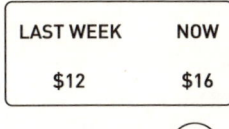

Why does the price go up so often?

Why is she going to Tokyo next week?

Why should we study English?

- 왜 그렇게 심각하니?
- 당신은 왜 내 카메라를 원해요?
- 그녀가 왜 다음 주에 도쿄에 가는 거죠?

- 그는 오늘 왜 늦었나요?
- 가격이 왜 이렇게 자주 오르는 거죠?
- 우리가 왜 영어를 공부해야 하나요?

8 which/whose 〔MP3〕 43-48

whose는 '소유'에 관한 질문으로 'whose+명사~?'의 형태이며, '누구의 것'으로 해석한다. which는 제한된 것들 중에 선택 여부를 알고자 할 때 사용하는 의문사이다. 주로 'which+명사'의 형태이며, 주로 사물과 관련된 내용이지만, 간혹 사람에 대한 문장으로 표현되는 경우도 있다.

Whose umbrella is this?

Which floor is your office on?

Whose computer is better, Tom's or Sara's?

Which season do you like most?

Whose performance will be the winner of the contest?

Which one do you want to eat, bananas or apples?

- 이 우산은 누구 거예요? • 톰과 사라의 컴퓨터 중 누구의 컴퓨터가 더 좋아요? • 누구 공연이 이 대회에서 우승하게 될까요?

- 당신의 사무실은 몇 층에 있나요?
- 당신은 어느 계절을 가장 좋아해요?
- 당신은 바나나와 사과 중에 무엇을 먹고 싶어요?

Chapter 13
기타 의문문 ❓

기타 의문문으로는

부정의문문(Negative Questions)과

부가의문문(Tag Questions),

or를 사용한 선택의문문(Choice Questions),

간접의문문(Indirect Questions)이 있다.

1 부정의문문은 부정으로 물어보는 문장으로 not이나 never가 있으며,

2 부가의문문은 평서문 뒤에 쉼표(,)를 사용하여 긍정 또는 부정으로 부차적으로 묻는 문장이다.

3 선택의문문은 Yes/No Questions에 or를 사용하여 yes/no가 아닌 의문문에서 제시한것 중에 선택하도록 하는 문장이며, which를 사용하기도 한다.

I 부정의문문 1-6

부정의문문은 not를 이용하여 상대방에게 동의를 요구하거나 상대방의 상황을 확인하고자 할 때 사용한다. 이때 Yes/No Questions 형태의 부정의문문에 대답할 때, yes와 no의 의미는 부정의문문인 것과 상관없이 긍정의문문과 같다는 것을 주의해야 한다.

Isn't she so beautiful?

Don't you want to go to the party?

Haven't we met somewhere before?

Didn't you hear the door bell?

Why wasn't Sara at work yesterday?

Why don't we go out for dinner?

- 그녀는 참 아름답지 않나요?
- 우리 예전에 어디서 만나지 않았나요?
- 사라는 어제 왜 출근하지 않았나요?

- 당신은 파티에 가고 싶지 않나요?
- 당신은 초인종 소리를 듣지 못했나요?
- 우리 저녁 식사하러 나가는 게 어때요?

2 부가의문문 7-12

부가의문문의 형태는 '평서문+(,)+be/do/have/조동사+주어의 대명사' 이다.
이때, 앞선 평서문이 긍정문이면 뒤의 부가의문문은 not이 있는 부정의문문
으로, 평서문이 부정문이면 뒤의 부가의문문은 긍정의문문 형태가 된다.

Sara will be here soon, won't she?

You are not a student, are you?

It's going to be raining, isn't it?

He doesn't like dogs, does he?

Tom has visited the museum for several times, hasn't he?

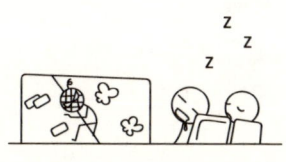

They didn't see the movie, did they?

- 사라는 곧 올 거예요, 그렇지 않나요?
- 비가 올 것 같네요, 그렇지 않나요?
- 톰은 그 박물관을 몇 차례 방문했었어요, 그렇지 않나요?

- 당신은 학생이 아니에요, 그렇죠?
- 그는 개를 좋아하지 않아요, 그렇죠?
- 그들은 그 영화를 보지 않았어요, 그렇죠?

3. 선택의문문 13-18

선택의문문은 말하는 이가 상대방에게 둘 중의 하나를 선택할 수 있게 제안하는 의문문의 형태이므로 yes/no로 대답할 수 없다.

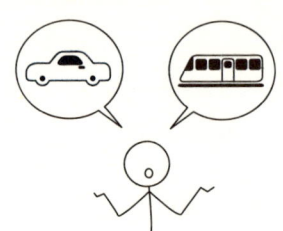

Would you like to drive or go by subway?

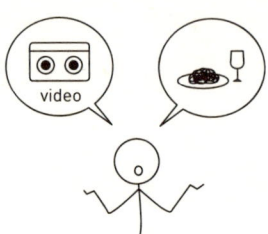

Do you want to rent a video, or go out to dinner?

Would you like the window or the aisle seat?

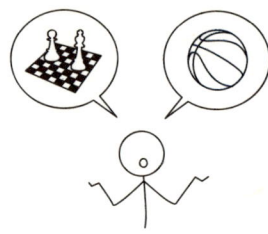

Do you want to play chess or go out to play basket ball.

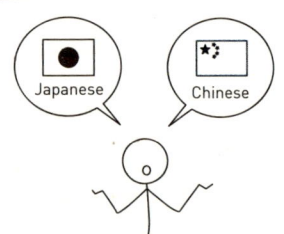

Can you speak Japanese or Chinese?

Do you wear a bikini or a one-piece swimsuit?

- 당신은 차 또는 지하철로 갈 건가요?
- 당신은 창가 쪽 아니면 통로 쪽 자리를 원하나요?
- 당신은 일본어 또는 중국어를 할 수 있나요?

- 비디오를 빌려 볼까, 아니면 외식을 할까?
- 체스를 둘까, 아니면 나가서 농구를 할까?
- 당신은 비키니를 입나요, 아니면 원피스 수영복을 입나요?

4 간접의문문 MP3 19-24

간접의문문은 의문문을 평서문이나 다른 의문문의 목적어로 사용한 형태이다. 그렇게 삽입된 의문문은 목적어일 뿐이므로 주어와 조동사/be동사의 위치를 바꾸지 않는다. 삽입되는 의문문이 wh Questions라면 의문사를 맨 앞에 두고 주어, 동사의 어순으로 쓰고, Yes/No Questions의 경우에는 if 또는 whether를 앞에 두고 주어, 동사의 순서로 쓴다.

I don't know where he is. / Where is he?

Do you know what the answer is? / What is the answer?

I asked when you wrote this. / When did you write this?

Can you tell me how I can get to the station? / How can I get to the station?

I'm wondering if you have your own car. / Do you have your own car?

Will you ask him if he ate my cake? / Did he eat my cake?

- 나는 그가 어디에 있는지 모르겠다.
- 나는 네가 이것을 언제 썼는지 물었다.
- 나는 당신이 자동차를 가지고 있는지 궁금하다.
- 당신은 답이 무엇인지 알고 있나요?
- 나에게 그 역까지 가는 방법을 가르쳐 줄 수 있나요?
- 그에게 내 케이크를 먹었는지 물어봐 줄래요?

Unit 6 법조동사

법조동사는 동사를 도와 주는 조동사(helping verbs)예요.
구체적인 행위나 상태는 동사로 나타내지만,
법조동사는 그 행위를 반드시 해야 하는지(필요/의무),
그 행위를 하는 것이 바람직한지(충고), 그 행위를 해도 좋은지(허락),
그 행위를 할 것 같은지(추측/가능), 그 행위를 할 능력이 있는지(능력) 등의
부차적인 의미를 덧붙여 줍니다.

형태상 법조동사 뒤에는 반드시 동사원형이 와야 하고,
의미상 '말하는 사람의 심리 상태'를 전하기 때문에 실제 발생한
사실이나 사건을 말하는 것이 아니라는 점에 유념해야 해요.

Chapter 14

법조동사

법조동사는 동사를 도와주는 역할을 한다.
"He goes home." 이란 문장에서 동사 'go'는
일반적인 '가다' 라는 의미 밖에는 주지 못한다.
따라서 '갈 수 있다' 라는 능력을 이야기하고 싶을 때,
'가야만 한다' 라는 의무, '가도 된다' 라는 허락 등의 의미로
확장하고 싶을 때 바로 법조동사를 이용하게 된다.

He can go home. 능력: 그는 집에 갈 수 있다.
어리지만 혼자의 힘으로 갈 수 있는 상황

He must go home. 의무: 그는 집에 가야만 한다.
할 일이 있어 가야 하는 상황

He may go home. 허락: 그는 집에 가도 된다.
숙제를 안해서 잡혀 있었던 상황

I 능력

가능, 능력의 의미를 나타내는 조동사로 can을 쓸 수 있다. can과 의미가 같은 조동사구인 be able to로 바꿔서 사용 가능하다. be able to는 조동사가 두 개 쓰이는 문장에서 can을 대신해서 쓴다.

He can play the piano.

Can you swim?

You can play soccer, but I can't.

I'm afraid I can't come to the party on Friday.

Can you speak any foreign languages?

The baby will be able to walk in a year.

- 그는 피아노를 연주할 수 있다.
- 너는 축구를 할 수 있지만, 나는 할 수 없다.
- 당신은 어떤 외국어를 할 수 있나요?
- 당신은 수영을 할 수 있나요?
- 나는 금요일 파티에 못 갈 것 같다.
- 아기는 1년 안에 걸을 수 있을 것이다.

2 허락

행동의 허락이나 가능을 나타내는 조동사로 may(~해도 좋다)가 있다.
때로 can으로 허락의 의미를 나타낼 수 있다.

You may use my computer.

May I ask a question?

You may not watch TV now.

You may enter the museum now.

May I take a trip to Busan?

A: Can I have this cake?
B: Yes, you can eat all of it.

- 너는 내 컴퓨터를 써도 좋다.
- 너는 지금 텔레비전을 볼 수 없다.
- 내가 부산으로 여행을 가도 될까요?

- 제가 질문을 해도 될까요?
- 너는 지금 박물관에 들어가도 좋다.
- A : 내가 이 케이크를 먹어도 되나요?
  B : 네, 당신은 그 케이크를 전부 다 먹어도 돼요.

3 가능성/확신 🎧 13-18

상황이나 상태에 대한 추측을 나타낼 때는 조동사 may, might(~일지도 모른다)를 사용한다. 하지만, 강한 추측을 나타낼 때에는 must(~임에 틀림없다)를 사용하여 확신을 나타낼 수도 있다.

It may be true that Sara got an A on the exam.

This pizza must be delicious.

He might be sleeping now.

He must be busy now.

She may be in her office.

Sara must be a genius.

- 사라가 시험에서 A를 받았다는 게 사실일지도 모른다.
- 그는 지금 자고 있을지도 모른다.
- 그녀는 사무실에 있을지도 모른다.

- 이 피자는 맛있는 게 틀림없다.
- 그는 지금 바쁜 것이 틀림없다.
- 사라는 천재인 게 틀림없다.

4 필요

필요와 의무를 나타내는 조동사는 must, have to이다. must는 어떤 행동이 요구되거나 필요할 때 개인적인 생각으로 '해야 한다'라고 표현하는 조동사이고, have to는 개인적인 생각보다는 상황이나 사실을 근거로 해서 어떤 행동이 필요한 상황일 때 사용한다.

She's a really nice person. You must meet her.

I have to finish the work by 9 o'clock.

I haven't met Sara for a long time. I must call her tonight.

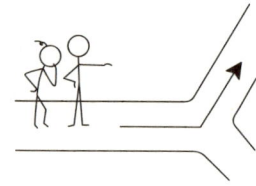

You have to turn left here.

I must get up early tomorrow.

I'm afraid I can't come to the party. I have to work.

- 그녀는 정말 좋은 사람이야. 넌 그녀를 만나 봐야 해.
- 나는 사라를 오랫동안 만나지 못했다. 나는 그녀에게 오늘 밤 전화를 해야겠다.
- 나는 내일 일찍 일어나야 한다.

- 나는 9시까지 일을 끝마쳐야 한다.
- 너는 여기서 왼쪽으로 돌아야 한다.
- 나는 파티에 못 갈 것 같아. 나는 일을 해야 해.

5 충고

충고를 나타내는 조동사는 should와 ought to가 있으며, 그 뜻은 '~하는 것이 좋다, ~해야 한다'이다.

You look tired.
You should take a rest.

I think you ought to read this book before the class.

You should wear gloves when you're skiing.

You ought to stop smoking.

You should apologize to her.

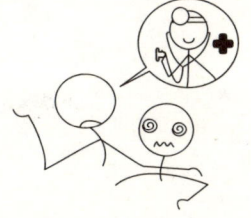

You look sick. You ought to go to the doctor.

- 당신은 피곤해 보여요. 당신은 쉬어야 해요.
- 당신은 스키를 탈 때 장갑을 껴야 해요.
- 당신은 그녀에게 사과를 해야 해요.
- 나는 수업 전에 당신이 이 책을 읽어야 한다고 생각해요. • 당신은 담배를 끊어야 해요. • 당신은 아파 보여요. 의사에게 가는 게 좋겠어요.

6 요청 🔊 31-36

조동사 will/would, can/could를 사용하여 상대방에게 부탁이나 요청을 하는 표현을 할 수 있다. would와 could는 will이나 can보다 좀 더 정중한 표현으로 쓰인다.

Can you pass those apples?

Would you do me a favor?

Will you show me the picture of your girl friend?

Could you open the door, please?

Can I see your license?

Could I borrow fifty dollars?

- 저 사과들 좀 갖다 줄 수 있어요?
- 당신 여자 친구 사진 좀 보여줄래요?
- 면허증 좀 볼 수 있을까요?

- 제 부탁 좀 들어주시겠어요?
- 문 좀 열어주시겠어요?
- 제가 50달러를 빌릴 수 있을까요?

7 제안/제공/초대 🔊 37-42

Shall I/we~?(~할까요?), Why don't you/we ~?(~하는 게 어떻습니까?),
Can I~?(~해 드릴까요?), Would you like (to) ~?(~하시겠습니까?)

Shall we go out for dinner?

Why don't you go get some medicine?

Why don't we have some coffee over there?

Would you like a glass of wine?

Can I get you a ladder?

Would you like to join our club?

- 우리 저녁 식사 하러 나갈까요?
- 우리 저기서 커피 한잔 하는 게 어떨까요?
- 내가 당신한테 사다리를 갖다 줄까요?

- 가서 약을 먹는 게 어때요?
- 와인 한잔 하시겠어요?
- 우리 클럽에 가입하실래요?

8 used to / would 43-48

used to/would가 과거 시점을 나타내는 부사구와 함께 쓰일 때는 현재에는 더 이상 하지 않는 과거의 습관적인 행동이나 과거의 상태를 표현한다.

I would visit my grandmother when I was a child.

I used to have a glass of milk every day.

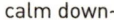
calm down~

She would tell me to calm down.

He used to go out with Sara.

They would go fishing sometimes.

There used to be a big library next to the museum.

- 내가 어렸을 때 나는 할머니 댁을 방문하곤 했다.
- 그녀는 나에게 침착하라고 말하곤 했다.
- 그들은 가끔씩 낚시를 가곤 했다.
- 나는 매일 우유 한잔씩 마시곤 했다.
- 그는 사라와 만나곤 했었다.
- 박물관 옆에 큰 도서관이 있었다.

9 조동사의 과거형 (1) 49-54

의무를 나타내는 must의 과거: had to(~해야 했다)
가능, 능력을 나타내는 can의 과거: could, was able to(~할 수 있었다)
허락을 나타내는 may, might의 과거: was able to(~할 수 있었다)

I had to walk all the way to work. Because my car broke down on the way.

She had to run to catch the bus.

If you were at home I could talk to you.

He was able to be an astronaut, but he failed the test.

I wasn't able to go fishing. The weather was terrible.

They were able to open the door after their father came with the key.

- 나는 걸어서 출근해야 했다. 왜냐하면 가는 길에 내 차가 고장났기 때문이다. • 네가 집에 있었다면 너와 이야기할 수 있었다. • 나는 낚시를 갈 수 없었다. 날씨가 너무 안 좋았다.
- 그녀는 버스를 잡으려고 위해 뛰어야만 했다.
- 그는 우주 비행사가 될 수 있었겠지만, 시험을 통과하지 못했다. • 그들은 아버지가 열쇠를 들고 온 후에야 문을 열 수 있었다.

9-1 조동사의 과거형 (2) 🎧 55-60

must+have+p.p. ~했음에 틀림없다. should+have+p.p. ~했었어야 했다.
could+have+p.p. ~할 수도 있었다. would+have+p.p. ~했을 것이다.

Tom must have had my sandwich.

I could have done better on the exam.

We should have invited more friends to the party.

He would have given me a present. (But he didn't.)

I was so tired this morning. I should have slept well last night.

She would have had dinner if she hadn't been busy.

- 톰이 샌드위치를 먹었음에 틀림없다.
- 우리는 파티에 더 많은 친구들을 초대했어야 했다. • 나는 오늘 아침에 너무 피곤했어. 어제 잠을 잘 잤어야 했어.
- 나는 시험을 더 잘 볼 수 있었다. • 그는 나에게 선물을 줬을 것이다. (하지만 그는 그러지 않았다.) • 그녀가 바쁘지 않았다면 저녁을 먹었을 텐데.

Unit 7 수동태

사랑을 할 때가 있으면 사랑을 받을 때도 있어야지요.
너무 일방적으로 한쪽이 주거나 받기만 하면 꼭 문제가 생기더라고요.
이처럼 내가 사랑을 하면 능동태, 사랑을 받으면 수동태를 씁니다.
돈을 줄 때가 있으면 받을 때도 있죠. 이처럼 누가 행위를 하면 능동태이고,
행위를 받거나 당하면 수동태를 씁니다.

Chapter 15

수동태

문장의 주어가 행위나 동작을 하는 것을 나타내는 것은 능동태라 한다.

수동태는 문장의 주어가 행위나 동작을 받은 상태를 나타낸다.

능동태가 쓰인 문장을 능동문, 수동태가 쓰인 문장을 수동문이라 한다.

수동태의 형태는 'be+과거분사(p.p.)' 이며

뒤에 'by+행위자'를 사용하여 동작이나 행위의 주체를 밝힐 수도 있다.

따라서 수동태는 행위자보다 동작의 대상이나 동작이나 행위에 중점을 둔 표현이다.

수동태를 만들 때는 능동태의 목적어가 주어 자리로 이동하고,

동사는 'be+과거분사(p.p.)'로 바꾼다.

능동태의 주어는 수동태 동사 뒤에 'by+행위자'로 표시된다.

They built the bridge.

The bridge was built by them.

I 수동태의 형태 🎧 1-3

능동문을 수동문으로 바꿀 때는 주어의 단수/복수에 be동사를 일치시키고, 시제도 be동사를 이용해 나타낸다. not 또는 never를 be동사 뒤에 위치시켜 부정문을 만들 수 있다.

He invites us.

We are invited by him.

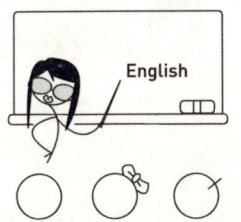

Sara teaches them English.

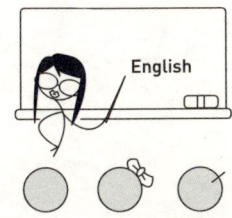

They are taught English by Sara.

Tom wrote this book.

This book was written by Tom.

- 그는 우리를 초대한다.
- 사라는 그들에게 영어를 가르친다.
- 톰이 이 책을 썼다.

- 우리는 그에게 초대 받았다.
- 그들은 사라에게 영어를 배운다.
- 이 책은 톰에 의해 쓰여졌다.

2 수동태의 동사 형태: 시제 🔊 4-9

현재 시제: is/am/are+과거분사 **과거 시제**: was/were+과거분사
미래 시제: will be+과거분사 **현재진행**: is/am/are+being+과거분사
과거진행: was/were+being+과거분사 **현재완료**: have been+과거분사

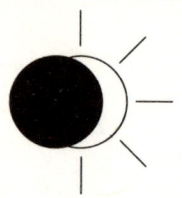

The sun is blocked by the moon.

The violin is being played by my sister.

built in 1999

This house was built in 1999.

My room was being cleaned when I got home.

The speech will be delivered by Mary.

Beethoven's works have been loved for several centuries.

- 태양이 달에 의해 가려졌다.
- 이 집은 1999년에 지어졌다.
- 그 연설은 마리에 의해 발표될 것이다.

- 바이올린이 나의 여동생에 의해 연주되고 있다. • 내가 집에 왔을 때 내 방은 청소되고 있었다. • 베토벤의 작품은 몇 세기 동안 사랑 받아왔다.

3 수동태의 조건: 타동사

수동태는 행위/동작의 대상을 주어로 사용하는 표현이므로, 목적어를 가지는 타동사만 수동태로 표현이 가능하다. 즉, 목적어를 가지지 않는 자동사는 수동태가 될 수 없다.

It is believed dinosaurs existed at least 65 million years ago.

It is believed dinosaurs ~~were existed~~ at least 65 million years ago. (X)

공룡은 최소한 6500만 년 전에 존재했었다고 믿어진다.

다음과 같은 자동사는 수동태가 될 수 없다.

exist	God exists. 신은 존재한다.
rise	The sun rises. 해가 뜬다.
look	It looks good. 그거 보기 좋다.
occur	A good idea occurred to me. 좋은 생각이 떠올랐어.
appear	The sun appeared on the horizon. 태양이 수평선 위로 떠올랐다.
remain	She remains unmarried. 그녀는 아직 미혼이다.
sit	I sat on the couch. 나는 의자에 앉았다.
arrive	The plane arrived. 그 비행기가 도착했다.
take place	The meeting will take place at the hotel. 그 회의는 그 호텔에서 열릴 것이다.
consist of	Water consists of hydrogen and oxygen. 물은 수소와 산소로 이루어져 있다.
lie	I lie under a tree. 나는 나무 아래 누워 있다.
happen	An accident happened. 사고가 일어났다.

ㄴ 수동태의 형식 : 3형식 🔊 10-15

'주어+동사+목적어' 형태의 3형식 문장을 수동태 문장으로 만들 때는 동사를 'be+과거분사(p.p.)'로 바꾼다. 그리고 동작의 대상인 목적어를 수동태 문장의 주어로 하고, 동작의 주체인 주어는 수동태 문장에서 'by+목적격'으로 만든다.

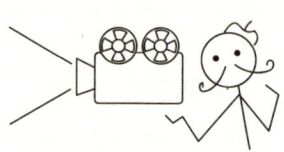

This film was directed by him in 1956.

The national anthem was sung by him.

The thief was caught by the police.

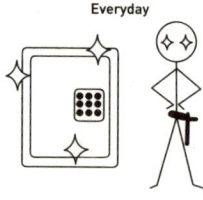

This safe is kept by a guard everyday.

The car accident was seen by many people.

A lot of cups were broken by Bill.

- 이 영화는 1956년에 그에 의해서 연출되었다.
- 그 도둑은 경찰에 의해 붙잡혔다.
- 그 자동차 사고는 많은 사람들에 의해서 목격되었다.
- 국가는 그에 의해서 불려졌다.
- 이 금고는 매일 경비원에 의해 지켜진다.
- 많은 컵들이 빌에 의해 깨졌다.

4-1 수동태의 형식 : 4형식

'주어+동사+간접목적어+직접목적어'로 이루어진 4형식은 목적어가 두 개 존재하므로 수동태 문장을 두 가지로 나타낼 수 있다. 간접목적어를 주어로 하는 수동태 문장과 직접목적어를 주어로 하는 수동태 문장이 있다.

A rose was given to you by me.
I gave you a rose.
You were given a rose by me.

- 장미 한 송이는 나에 의해서 너에게 주어졌다.
- 나는 너에게 장미 한 송이를 주었다.
- 너는 나에게 장미 한 송이를 받았다.

His school report was shown to her by him.
그의 성적표는 그에 의해서 그녀에게 보여 졌다.

He showed her his school report.
그는 그녀에게 그의 성적표를 보여 주었다.

She was shown his school report by him.
그녀는 그에 의해 그의 성적표를 보게 되었다.

Math will be taught to us by Mary.
수학은 메리에 의해서 우리에게 가르쳐질 것이다.

Mary will teach us Math.
메리는 우리에게 수학을 가르쳐줄 것이다.

We will be taught Math by Mary.
우리는 메리에게 수학을 가르침 받을 것이다.

4-2 수동태의 형식: 5형식 25-27

'주어+동사+목적어+목적보어'로 이루어진 5형식은 수동태 문장으로 변환할 때 목적어가 주어가 되고 목적보어는 'be+과거분사(p.p.)' 뒤에 위치한다. 목적보어로 나온 명사 또는 대명사를 목적어로 혼동하여 수동태 문장의 주어로 위치하는 오류를 범하지 말아야 한다. 또한, 목적보어에 나오는 원형부정사는 수동문에서 to부정사로 변환해야 한다.

A new dress will make Sara happy.

Sara will be made happy by a new dress.

I have given him a gift.

He has been given a gift by me.

She made John angry.

John was made angry by her.

- 새 드레스가 사라를 행복하게 만들 것이다.
- 나는 그에게 선물을 줬었다.
- 그녀는 존을 화나게 했다.

- 사라는 새 드레스로 행복해 질 것이다.
- 그는 나에게서 선물을 받았었다
- 존은 그녀 때문에 화났다.

5 수동태의 특별한 구문 (1) 28-33

자주 쓰이는 수동태 구문으로 that절의 주어를 가주어 it으로 대체하고 주어인 that절을 뒤로 옮겨 만든 수동문이다.

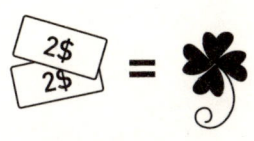

It is believed that two-dollar bills bring good luck.

It is thought that he is a liar.

It is said that the Earth is round.

It is told that the tree is 100 years old.

It is expected that the economic crisis will get better soon.

It is supposed that you should not park here.

- 2달러 지폐는 행운을 가져온다고 여겨진다.
- 지구는 둥글다고 말한다.
- 경제 위기가 곧 회복될 것이라고 기대된다.
- 그는 거짓말쟁이라고 여겨진다.
- 그 나무는 100년이 되었다고 한다.
- 당신은 여기에 주차하면 안 되는 겁니다.

5-1 수동태의 특별한 구문 (2) MP3 34-39

수동태 구문과 to부정사가 함께 쓰이는 표현이다.
be required to ~하는 것이 요구되다. be expected to ~하는 것이 기대되다.
be allowed to ~하는 것이 허락되다. be forced to ~하는 것이 강요되다.
be reminded to ~하는 것이 상기되다. be advised to ~하는 것을 충고 받다.

Applicants are required to bring a resume.

The tuition fees of my university are expected to rise steeply next year.

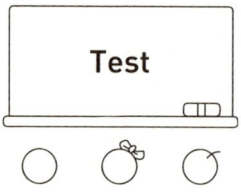

We are not allowed to talk during the test.

I have been forced to accept my parents' decision.

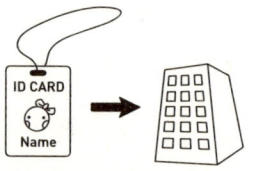

Employees are reminded to show their ID cards when they get in the building.

I felt sick this morning.
I was advised to stay at home.

- 지원자들은 이력서를 가져오는 것이 요구된다. • 우리는 시험 중에 말을 할 수 없도록 되어 있다. • 직원들은 건물에 들어올 때 신분증을 보여줘야 하는 것이 상기되었다.

- 내가 다니는 대학교의 등록금이 내년에 급격히 오를 것으로 전망된다. • 나는 나의 부모님의 결정을 따르도록 강요 받아왔다. • 나는 오늘 아침에 몸이 좋지 않았다. 나는 집에 있으라는 충고를 받았다.

6 암기해야 할 수동태 (1) MP3 40-47

감정을 나타내는 동사는 감정을 불러일으킨다는 의미를 가지고 있다. 이러한 동사가 수동태가 되면 감정을 느낀다는 의미를 가진다. 따라서 감정을 느끼는 사람만 그 문장의 주어로 등장한다. 또한 이러한 동사는 by 대신 다른 전치사를 사용한다.

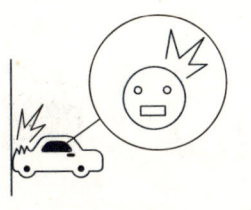

I'm surprised at the accident.

I am pleased with your success.

She is satisfied with her wages.

He is interested in cooking.

Mom was concerned about me.

My parents were disappointed with my behavior.

- 나는 그 사고에 놀랐다.
- 그녀는 월급에 만족하고 있다.
- 엄마는 나를 걱정했다.
- 나는 너의 성공에 기뻐하고 있다.
- 그는 요리에 관심이 있다.
- 나의 부모님은 나의 행동에 실망했다.

6-1 암기해야 할 수동태 (2) 🎧 48-53

수동태가 되었을 때 by 대신 관용적으로 다른 전치사를 쓰는 동사들이 있다.
be covered with ~로 덮여있다. be based on ~을 기초로 하다.
be located in ~에 위치해 있다. be involved in ~에 참여하다.
be composed of ~로 구성되다. be included in ~에 포함되다.

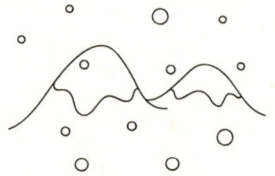

The mountain is covered with snow.

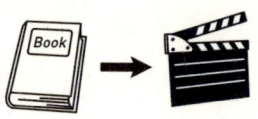

This movie is based on a book.

My office is located in the south of Seoul.

I'm involved in the soccer team.

The team is composed of twelve members.

Several photographs are included in this book.

- 그 산은 눈으로 덮여 있다.
- 나의 사무실은 서울 남부에 위치해 있다.
- 팀은 12명의 인원으로 구성되었다.

- 이 영화는 책을 바탕으로 한다.
- 나는 축구팀에 속해 있다.
- 몇 장의 사진들이 이 책에 포함되어 있다.

Unit 8 준동사

준동사는 동명사, 부정사, 분사를 말하는 것이에요.
준동사는 저마다 하는 역할이 달라요. 동명사는 명사의 역할을 하고,
부정사는 명사, 형용사, 부사 노릇을 해요. 재주가 많죠?
분사는 형용사와 부사로 쓰여요. 하지만 동사의 성격도 그대로 갖고 있어요.
목적어를 취한다든가, 부사의 수식을 받는 것 등이 바로 동사의 성질입니다.

한편으로는 동사이지만 다른 한편으로는 명사, 형용사, 부사로
변신하는 녀석들이라 다루기가 쉽지 않아요.
따라서 준동사 공부의 핵심은 동명사, 부정사, 분사를
언제 어떤 상황에서 어떻게 구별해서 쓰느냐가 관건이에요.

Chapter 16

to부정사

to부정사란 'to+동사원형'을 말한다.
부정사는 문장에서

명사 역할(주어/보어/목적어),

형용사 역할(명사 수식),

부사 역할(동사/형용사/부사 수식) 등의 역할을 하게 된다.

한마디로 동사가 문장에서 다른 기능을(명사/형용사/부사) 할 수 있게 하려고
동사 앞에 to를 붙이게 된 것이다.

동명사와 분사도 같은 맥락이다.
동명사는 동사에서 명사로 바뀌고 분사는 동사에서 형용사로 모습을 바꾸는 것이다.
다만 to부정사는 동명사나 분사가 주로 하나의 품사로 바뀌는 반면
to부정사는 말 그대로 '부정(不定)'이 정해져 있지 않기 때문에
명사, 형용사, 부사 등으로 자유롭게 쓰일 수 있다.

Ⅰ 주어 🔊 1-6

to부정사는 명사의 역할을 할 수 있어서 문장의 주어로도 쓸 수 있다. 이때 to부정사는 '~하는 것'이라는 의미를 가진다.

To learn English is interesting.

To make cookies is my job.

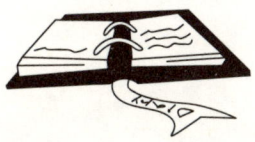

To keep a diary everyday is important.

To run my own restaurant is my dream.

To meet my girlfriend always makes me happy.

To call abroad costs a lot of money.

- 영어를 배우는 것은 재미있다.
- 매일 일기를 쓰는 것은 중요하다.
- 여자 친구를 만나는 것은 늘 나를 행복하게 한다.
- 쿠키를 만드는 것이 내 직업이다.
- 나의 식당을 운영하는 것이 내 꿈이다.
- 해외로 전화하는 것은 많은 돈이 든다.

2 동사 + to부정사

to부정사의 명사적 기능으로 문장에게 보어와 목적어 역할도 할 수 있다.

I want to buy you dinner sometime.

She plans to throw a party for her mom.

They promised to take me to Disney Land.

He seems to be rich.

I pretended to sleep.

I decided to buy a new car.

- 나는 언젠가 당신에게 저녁을 사주고 싶어요.
- 그들은 나를 디즈니랜드에 데려가겠다고 약속했다.
- 나는 자는 척 했다.
- 그녀는 그녀의 엄마를 위해 파티를 계획하고 있다.
- 그는 부자인 것 같다.
- 나는 새 차 한 대를 사기로 결정했다.

3 동사+목적어+to부정사 🎵 13-18

목적어 뒤에 쓰이는 to부정사는 목적보어로 목적어에 대해 서술한다.

I want you to read this book. Then you will understand me better.

Some pepper caused me to sneeze.

He asked me to bring a newspaper.

He warned me to be on time.

My father allowed me to go to the concert.

My brother teaches me to drive.

- 나는 네가 이 책을 읽으면 좋겠어. 그러면 나를 더 잘 이해하게 될 거야. • 그는 나에게 신문을 가져다 달라고 부탁했다. • 아버지는 내가 콘서트에 가는 것을 허락하셨다.
- 후추가 나를 재채기하게 하였다.
- 그는 나에게 제 시간에 오라고 경고하였다.
- 나의 형이 나에게 운전하는 것을 가르친다.

4 동사+목적어+원형부정사 🔊 19-24

목적보어로 to부정사가 쓰이는 경우 문장의 동사가 사역동사이거나 지각동사일 경우 to부정사는 to가 없는 원형부정사를 쓴다.
사역동사: let, have, make, help,
지각동사: look, see, watch, hear, listen, sound, smell, taste, feel
다만, help는 원형부정사와 to부정사 둘 다 쓸 수 있다.

Please let us go home!

I saw her enter the smoking room.

My brother made me laugh.

We heard the choir sing a song.

I helped my mom (to) wash the dishes.

I felt something touch my hair.

- 제발 우리를 집에 보내주세요!
- 나의 형이 나를 웃게 만들었다.
- 나는 엄마가 설거지 하는 것을 도왔다.

- 나는 그녀가 흡연실로 들어가는 것을 보았다.
- 우리는 합창단이 노래를 부르는 것을 들었다.
- 나는 무언가가 내 머리카락을 만지는 것을 느꼈다.

5 형용사 + to부정사 (1) 🎵 25-30

형용사 뒤에 to부정사가 오면 앞의 형용사를 수식하는 부사적 기능을 한다.

English is important to succeed in business.

Computers are convenient to arrange information.

Sunglasses are necessary to go out in summer.

The calculator is useful to work on a housekeeping book.

A driver's license is essential to drive your car.

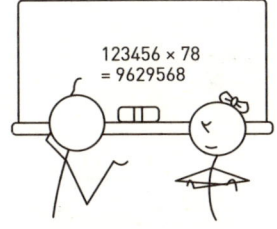

You were very helpful to solve this question.

- 영어는 사업을 성공시키는 데 중요하다.
- 여름에 외출하려면 선글라스가 필요하다.
- 운전을 하기 위해선 운전면허가 필수적이다.

- 컴퓨터는 정보를 정리하는데 편리하다.
- 계산기는 가계부를 작성하는 데 유용하다.
- 이 문제를 푸는 데 네가 많은 도움이 되었어.

5-1 형용사 + to부정사 (2) 31-36

to부정사가 주어인 문장에 보어로 형용사가 쓰인 2형식 문장이면 주어인 to부정사를 문장의 뒤쪽으로 보내고 그 자리에 가주어 it를 넣는 형태의 문장이 많이 쓰인다. 형태: It+be동사+형용사+to부정사

To get a scholarship was hard.
→ It was hard to get a scholarship.

To say good bye to her was hard. → It was hard to say good bye to her.

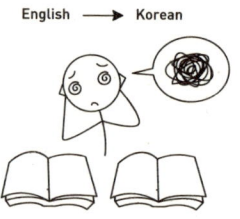

It is difficult to translate this book.

It will be essential to be proficient in foreign languages in the future.

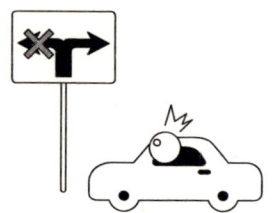

It is important to check traffic signs when you drive.

The classroom was so noisy. So it was impossible to read a book.

- 장학금을 받는 것은 어려웠다.
- 이 책을 번역하는 것은 어렵다.
- 운전할 때 도로 표지판을 확인하는 것은 중요하다.

- 그녀에게 작별 인사를 하는 것은 힘들었다.
- 미래에는 외국어를 잘하는 것이 꼭 필요할 것이다.
- 교실이 너무 시끄러웠다. 그래서 책을 읽는 것이 불가능했다.

5-2 형용사 + to부정사 (3) 37-42

감정을 나타내거나 사람의 성격/태도를 나타내는 형용사 다음에 to부정사가 오면 to부정사는 부사적 용법으로 형용사가 나타내는 감정/성격/태도의 원인을 표현한다.

I'm sorry to hear that your father is ill.

You are so nice to help your father.

You must be sad to leave your parents.

She is careless to spill milk.

I was surprised to see her.

He's really clever to solve the problem so quickly.

- 당신의 아버지께서 아프시다니 유감이네요.
- 부모님을 떠나야 한다니 당신은 분명 슬프겠군요.
- 나는 그녀를 보게 되어 놀랐다.
- 아버지를 돕다니 너는 참 착하구나.
- 우유를 쏟다니 그녀는 부주의하다.
- 그 문제를 그렇게 빨리 풀다니 그는 정말 똑똑하다.

5-3 형용사+to부정사 (4) 43-48

be willing to 기꺼이 ~하다. be able to ~할 수 있다.
be ready to ~할 준비가 되다. be likely to ~할 것 같다.
be reluctant to ~하기를 주저하다. be determined to ~하기를 결심하다.

She is willing to help him with his homework.

It's likely to rain soon.

I will be able to speak English fluently to Tom.

He was reluctant to apologize to her.

Who is ready to catch the bouquet?

She was determined to get plastic surgery.

- 그녀는 기꺼이 그의 숙제를 돕는다.
- 나는 영어로 유창하게 톰과 이야기할 수 있을 것이다.
- 누가 부케 받을 준비가 되었죠?

- 곧 비가 올 것 같다.
- 그는 그녀에게 사과하기를 망설였다.
- 그녀는 성형 수술을 하기로 결심했다.

6 명사 + to부정사(1) : 형용사적 용법 MP3 49-54

to부정사가 명사 뒤에 위치하여 명사를 수식하는 형용사의 역할을 한다.

I have many friends to help me move to a new apartment.

She has three children to take care of.

I need something to put this nail back in.

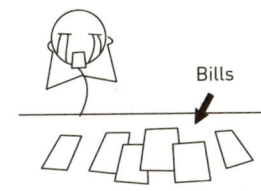

He has lots of bills to pay this month.

I want something to drink.

She bought many books to read.

- 나는 내가 새 아파트로 이사하는 것을 도와 줄 많은 친구들이 있다.
- 나는 이 못을 다시 박을 무언가가 필요하다.
- 나는 뭔가 마실 것을 원한다.
- 그녀는 돌봐야 할 세 아이가 있다.
- 그는 이번 달 안에 지불해야 할 청구서들이 많다.
- 그녀는 읽을 책을 많이 샀다.

6-1 명사+to부정사(2): 관용적인 표현   MP3 55-60

make an effort to do ~하려고 노력하다. have time to do ~할 시간이 있다.
a good way to do ~하는 데 좋은 방법 have an opportunity to do ~할 기회가 있다.
their right to do ~할 권리 my attempt to do 내가 ~하려고 (시도)한 것

They made an effort to break out of prison.

Customers have their right to complain about bad service.

We have lots of time to look around the museum.

Finally she has an opportunity to have a job interview.

A good way to fix this computer is to call the repair shop.

He refused my attempt to help him.

- 그들은 감옥을 탈출하려고 노력했다.
- 우리는 박물관을 둘러볼 시간이 많다.
- 이 컴퓨터를 고치기 위한 좋은 방법은 정비소에 전화하는 것이다.

- 고객들은 안 좋은 서비스에 대해 불만을 말할 권리가 있다.
- 마침내 그녀는 면접 볼 기회가 생겼다.
- 그는 내가 그를 도우려던 것을 거절했다.

7 목적을 나타내는 부정사 61-66

In order to do, so as to do는 '~하기 위해서, ~하려고'라는 의미의 관용어구로 쓰인다. 이것은 in order, so as를 생략하고 그저 to부정사로 써도 무방하다.

Tom opened the door in order to let his boss come in.

You must leave the office at 11 p.m. so as to be in time to get the last bus.

You should bring your ticket in order to enjoy the party.

Press this button, so as to get out of this program.

He went to the grocery store in order to buy some food.

My brother came to me so as to ask some math questions.

- 톰은 그의 상사가 들어오도록 문을 열었다.
- 당신은 파티를 즐기기 위해서 티켓을 가지고 와야 한다.
- 그는 음식을 사려고 식료품점에 갔다.

- 마지막 버스를 타려면 너는 11시에 사무실을 떠나야 한다.
- 이 프로그램에서 나가려면 이 버튼을 누르세요.
- 내 동생이 수학 문제를 물어보려고 나에게 왔다.

8 enough to do / too ~ to do MP3 67-72

enough to do는 '~하기에 충분한, ~할 만큼 충분한', too 형용사 to do는 '~하기에 너무 ~한, 너무 ~해서 ~할 수 없는'이라는 관용어구로 쓰인다.

It is strong enough to tie up these boxes.

It is too hot to eat at once.

He seems rich enough to buy another car.

We are too late to take the train. It's gone.

She has practiced dancing enough to be a professional dancer.

This book is too big to put in the bag.

- 그것이 이 박스들을 묶을 수 있을 만큼 튼튼하다.
- 그는 또 다른 자동차를 살 만큼 부자인 것 같다.
- 그녀는 전문 안무가가 될 만큼 춤을 연습해 왔다.
- 지금 당장 먹기에 그것은 너무 뜨겁다.
- 우리가 그 기차를 타기에는 너무 늦었다. 기차는 떠났다.
- 이 책은 그 가방에 넣기에는 너무 크다.

Chapter 17

동명사

동명사는 동사가 명사로 변형된 것이다.
그래서 명사와 같은 기능을 할 수 있다. 만약 타동사가 동명사로 변형되었다면
그 타동사의 목적어는 그 타동사가 동명사로 변형되어도 동명사 뒤에 위치한다.
형태는 '동사+ing' 이며, 의미는 '~하는 것' 이다.
to부정사와 마찬가지로 문장의 목적어로 동명사를 쓸 수 있다.
동사에 따라 목적어로 to부정사를 취할 수도 있고
동명사를 취할 수 있으므로 구별해서 사용할 수 있어야 한다.

동명사를 목적어로 취하는 동사

finish 마치다.

quit 중단하다.

stop 멈추다.

give up 포기하다.

avoid 회피하다.

postpone 연기하다.

put off 연기하다.

keep 지속하다.

hold 유지하다.

enjoy 즐기다.

consider 고려하다.

admit 인정하다.

imagine 상상하다.

deny 부인하다.

mind 꺼리다.

I 주어 🎵 1-6

to부정사와 마찬가지로 동명사 또한 명사의 기능을 하기 때문에 문장의 주어로 쓰일 수 있다.

Learning English is interesting.

Making cookies is my job.

Keeping a diary everyday is important.

Running my own restaurant is my dream.

Meeting my girlfriend always makes me happy.

Calling abroad costs a lot of money.

- 영어를 배우는 것은 재미있다.
- 매일 일기를 쓰는 것은 중요하다.
- 여자 친구를 만나는 것은 늘 나를 행복하게 한다.
- 쿠키를 만드는 것이 나의 직업이다.
- 내 식당을 운영하는 것이 나의 꿈이다.
- 해외로 전화하는 것은 많은 돈이 든다.

2 동사+동명사 🎧 7-12

동명사 역시 to부정사와 마찬가지로 문장의 목적어로 쓸 수 있다.

Suddenly everybody stopped talking.

I consider living in a foreign country.

They finished cleaning the classroom.

My father gave up smoking yesterday.

He enjoyed dancing at the party.

I told her to stop, but she kept playing computer games.

- 갑자기 모두가 말하는 것을 멈추었다.
- 그들은 교실을 청소하는 것을 끝마쳤다.
- 그는 파티에서 춤추는 것을 즐겼다.
- 나는 외국에서 사는 것을 고려하고 있다.
- 나의 아버지는 어제 담배 피우는 것을 그만두셨다.
- 나는 그녀에게 그만하라고 말했지만, 그녀는 계속해서 컴퓨터 게임을 하였다.

3 전치사+동명사 🔊 13-18

전치사 뒤에는 항상 명사가 온다. 동사가 오게 되면 동명사로 변환시켜야 한다. 이때 전치사 'to'와 to부정사의 'to'를 구별해야 한다.

I am afraid of taking a test.

How about playing chess with me?

Are you interested in reading books?

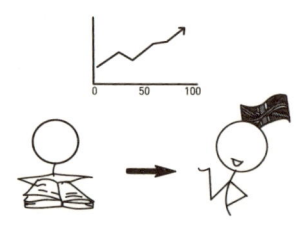

You can improve your English by reading this book.

She's not good at singing.

I can't go out anywhere without wearing glasses.

- 나는 시험을 치는 것이 두렵다.
- 당신은 책 읽는 것에 관심 있나요?
- 그녀는 노래를 잘 부르지 못한다.
- 나랑 체스 두는 게 어때요?
- 이 책을 읽으면 당신의 영어 실력이 향상될 수 있어요.
- 나는 안경을 쓰지 않고 어디에도 나가지 못한다.

4 동명사의 관용적인 표현 🎧 19-24

be busy -ing ~하느라 바쁘다. feel like -ing ~하고 싶다, ~할 것 같다.
waste 시간/돈 -ing (시간/돈)을 ~하는데 소비하다.
can't help -ing ~하지 않을 수 없다. be used to -ing ~하는데 익숙하다.
look forward to -ing ~하기를 학수고대하다.

I was busy answering phone calls.

She couldn't help washing the dishes.

I feel like eating pizza tonight.

I look forward to getting your letter.

He wasted a lot of time watching television.

I'm used to watching movies without subtitles.

- 나는 전화를 받느라 바빴다.
- 나는 오늘 밤 피자를 먹고 싶다.
- 그는 텔레비전을 보느라 많은 시간을 보냈다.

- 그녀는 설거지를 하지 않을 수 없었다.
- 나는 네 편지를 간절히 기대한다.
- 난 자막 없이 영화를 보는 것에 익숙하다.

5 동사 + to부정사 또는 동명사(1): 같은 의미 🎧 25-30

동사에 to부정사 또는 동명사를 목적어로 취해도 그 의미가 달라지지 않는 동사가 있다.

I like to play tennis.
/ I like playing tennis.

The baby began to cry.
/ The baby began crying.

It starts to rain.
/ It starts raining.

She continued to walk.
/ She continued walking.

Tom intends to buy a new computer. / Tom intends buying a new computer.

Don't bother to dress up for the party. / Don't bother dressing up for the party.

- 나는 테니스 치는 것을 좋아한다.
- 비가 내리기 시작한다.
- 톰은 새 컴퓨터를 사려고 한다.

- 아기가 울기 시작했다.
- 그녀는 걷는 것을 계속했다.
- 그 파티에 차려 입을 필요는 없다.

5-1 동사 + to부정사 또는 동명사(2): 다른 의미 🔊 31-33

to부정사와 동명사 둘 다 목적어로 취할 수 있지만, 의미가 달라지는 동사가 있다. try+to부정사/동명사 '~하는 것을 계속해서 노력하다/시도해 보다'
remember/forget+(1)to부정사/(2)동명사 형태는 둘 다 '~을 기억하다/잊다'라는 뜻이지만 (1)은 미래, (2)는 과거의 일을 말할 때 쓴다.

I remember to pay him the money.

I remember paying him the money.

Don't forget to take the medicine.

I forgot about taking the medicine.

I tried to call her.

I tried calling her.

- 나는 그에게 돈을 줘야 하는 것을 기억한다.
- 약을 먹어야 하는 것을 잊지마.
- 나는 그녀와 통화하려고 노력했다.

- 나는 그에게 돈을 줬던 것을 기억한다.
- 나는 약 먹은 것을 잊고 있었다.
- 나는 그녀와 통화를 시도해 보았다.

Chapter 18

분사

분사는 동사가 형용사의 역할을 하게 변형된 것이다.
그래서 분사는 명사를 수식하기도 하며,
be동사나 자동사 뒤에 위치하여 문장의 보어로도 사용된다.
분사에는 현재분사, 과거분사가 있다.

1. 현재분사는 '동사+ing' 형태로 동작의 진행,
   능동의 의미가 있어
   우리말로 '~하는' 또는 '~하고 있는'이라고 해석한다.

2. 과거분사는 '동사-ed' 형태로 과거,
   수동의 의미가 있어 우리말로 '~되는'
   또는 '~되어 버린'이라고 주로 해석한다.

I 명사 앞에 있는 분사 🔊 1-6

현재분사나 과거분사가 명사 앞에 있으면 그 명사를 꾸미는 수식어가 된다.
'~하는, ~된'으로 해석한다.

Look at these falling leaves!

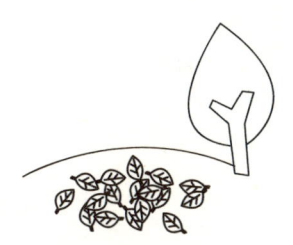

Look at those fallen leaves.

I saw a dancing baby.

I have a broken leg.

She was afraid of the barking dog.

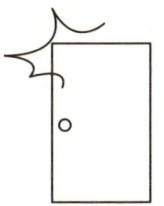

She closed the opened door.

- 이 떨어지는 잎들을 봐!
- 나는 춤추는 아기를 보았다.
- 그녀는 짖고 있던 그 개를 무서워했다.

- 저 떨어진 잎들을 봐.
- 나는 다리가 부러졌다.
- 그녀는 열린 문을 닫았다.

2 명사 뒤에 있는 분사: 한정용법 7-12

단어가 2개 이상이면 형용사는 명사를 뒤에서 수식하게 된다. 따라서 분사는 다른 단어나 절과 함께 명사를 뒤에서 수식하게 된다.

The man dancing on the table is my father.

She is **the girl called dancing queen in my school.**

The novel written by Hemingway is hard to read.

Look at **the mountain covered with snow.**

Who is **that girl wearing a blue skirt over there?**

I got **a letter written in English.**

- 탁자 위에서 춤을 추고 있는 사람이 나의 아버지다.
- 헤밍웨이가 쓴 소설은 읽기 힘들다.
- 저기 파란 치마를 입은 소녀가 누구니?

- 그녀가 우리 학교에서 춤의 여왕이라고 불리는 아이이다.
- 저 눈으로 덮인 산을 봐.
- 나는 영어로 쓰여진 편지 한 통을 받았다.

3 주격보어와 목적격보어로 쓰인 분사: 서술용법 13-18

'동사-ing'는 진행형의 형태이고, '과거분사(p.p.)'는 수동태이다.

She is writing a letter now.

I heard my mom playing the piano.

Mark is talking to his son.

I saw someone waiting for a bus.

He is playing the guitar.

I heard my name called.

- 그녀는 지금 편지를 쓰고 있다.
- 마크는 그의 아들에게 이야기를 하고 있다.
- 그는 기타를 치고 있다.

- 나는 엄마가 피아노를 치는 것을 들었다.
- 나는 누군가 버스를 기다리는 것을 보았다.
- 나는 내 이름이 불리는 것을 들었다.

4 분사 구문 🎵 19-24

분사 구문이란 현재분사나 과거분사를 이용하여 접속사가 쓰인 부사절을 부사구로 만든 것이다. 형태는 '접속사+주어+동사'의 문장에서 접속사와 주어를 생략하고 동사를 분사로 바꾼 것이다. 접속사가 생략되고 주로 시간, 이유, 조건, 부대 상황을 표현한다.

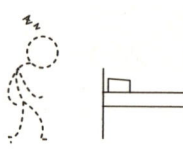

Feeling tired, I went straight to bed. / As I felt tired, I went straight to bed.

Tired of studying, she went for a walk. / As she was tired of studying, she went for a walk.

Solving this problem, you will win the prize. / If you solve this problem, you will win the prize.

Left alone in the house, she felt lonely. / When she was left alone in the house, she felt lonely.

Not coming on time, I missed my train. / Because I didn't come on time, I missed my train.

Built of wood, this house looks classic. / As this house was built of wood, this house looks classic.

- 피곤해서 나는 곧장 침대로 갔다.
- 이 문제를 푼다면 넌 이 상을 타게 될 거야.
- 제시간에 오지 않아서 나는 기차를 놓쳤다.

- 공부하기가 지겨워져서 그녀는 산책하러 나갔다.
- 집에 혼자 남겨졌을 때 그녀는 외로움을 느꼈다.
- 나무로 지어져서 이 집은 고전적으로 보인다.

Unit 9 명사구

공책, 전화기, 난로, 나무······ 세상엔 수많은 이름들이 있어요.
세상에 이름이 없다면 우리는 효율적인 대화를 진행시킬 수 없을 거예요.
도대체 무엇을 말하는지 알 수가 없으니까요.
이렇듯 모든 물건에 꼭 있어야 하는 게 이름이죠. 이를 명사라고 해요.
특히 영어에서 주의해야 할 것은 명사가 셀 수 있는지 없는지,
이에 따라 단수인지 복수인지를 따진다는 사실,
그리고 명사는 혼자 나타나는 법이 없이 자신의 주위에 수식해 주는
여러 가지의 단어들과 함께 나타난다는 거예요.
주로 관사와 한정사가 그런 단어들인데요.
그만큼 명사는 중요한 역할을 하는 품사이기 때문이에요.
명사를 왕이라고 생각해 보면 어떨까요?
왕이 혼자 행차하지 않는 것과 마찬가지죠..

Chapter 19

명사

명사에는 주의해야 할 것이 두 가지가 있다.

1 셀 수 있는 명사와 셀 수 없는 명사를 구분하는 것이고

2 명사는 꼭 단수와 복수를 따진다는 것이다.

셀 수 있는 명사는 그 명사의 개수가 하나일 때
부정관사 a/an을 붙여 사용하고,
정관사 the나 소유격 한정사(my/your/his/her)가 있을 경우에는 a/an을 쓰지 않는다.
하지만 둘 이상의 복수일 때는 그 명사의 복수형을 쓰는데,
대부분의 복수형은 명사 뒤에 -s/-es를 붙인다.

셀 수 없는 명사 앞에서는 a/an이나
one, two, three와 같은 수를 나타내는 표현과 함께 쓸 수 없다.
하지만 소유격과 the는 붙일 수 있다.
또한 양을 표현하는 some, much, (a) little을 함께 쓸 수 있다.

이 외에도 여러 가지 복수명사의 형태와 셀 수 없는 명사를
단위로 묶어 세는 방법, 그리고 같은 단어를 문맥과 의미에 맞게
셀 수 있는 명사인지 셀 수 없는 명사인지 구분하는 것을 배워보자.

1 셀 수 있는 명사와 셀 수 없는 명사 🎧 1-6

셀 수 있는 명사에는 단수와 복수가 있다. 단수는 한 개를 말하는 것이고, 복수는 두 개 이상을 가리킨다. 셀 수 없는 명사는 개수가 아니라 양으로 따진다.

A: Let's go swimming!
B: That's a good idea.

How can we move all this furniture to your house?

They don't have a house to live in.

I drink water so much.

I'm packing books.

Keeping your health is important.

- A : 수영하러 가자! B : 그거 좋은 생각이야.
- 그들은 살 집이 없다.
- 나는 책들을 포장하고 있다.
- 우리가 이 가구 전부를 어떻게 너희 집으로 옮기지?
- 나는 물을 많이 마시는 편이다.
- 너의 건강을 유지하는 것은 중요하다.

2 셀 수 없는 명사 세는 방법 🔊 7-12

셀 수 없는 명사는 양으로 표현하지만, 그 양을 재는 단위는 셀 수 있으므로 이를 이용하여 셀 수 있다.

We'd like two cups of coffee.

He asked me to drink a glass of wine.

He let me bring him a piece of paper.

Mom told me to buy a bottle of milk.

I opened the bottle and put a spoonful of sugar into the coffee.

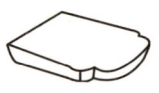

After school, I ate a piece of bread with some butter on it at home.

• 우리는 커피 두 잔을 마실 거예요. • 그는 나에게 종이 한 장을 가져오게 하였다. • 나는 그 병을 열어서 커피에 설탕 한 숟가락을 넣었다.

• 그가 나에게 와인 한 잔 마시지 않겠냐고 물어보았다. • 엄마가 나에게 우유 한 병을 사 오라고 했다. • 방과 후, 나는 집에서 빵에 버터를 얹어서 먹었다.

3 셀 수 있거나 없거나 🎵 13-18

셀 수 없는 명사들이 어떤 종류, 제품, 낱개의 개체, 구체적인 사건 등을 의미할 때는 셀 수 있는 명사로 바뀌기도 한다.

셀 수 없는 명사	셀 수 있는 명사
 I haven't got time to sleep tonight.	 We had a good time at the beach.
 I always have sugar in my tea.	 Three sugars in my tea, please.
 You need to note down the main points of the lecture on this paper.	 You need to submit a term paper by this afternoon.

- 나는 오늘 밤 잘 시간이 없다
- 나는 항상 차에 설탕을 넣는다.
- 너는 강의의 주요 내용을 필기할 필요가 있다.

- 우리는 그 해변에서 좋은 시간을 보냈다.
- 내 차에는 설탕 세 숟가락을 넣어 주세요.
- 너는 오늘 오후까지 보고서를 제출해야 한다.

4 단수 또는 복수 🎧 19-24

복수형이 없어 항상 단수로 취급하는 명사와 단수형이 없어 항상 복수로 취급되는 명사가 있다.

He's playing golf.

Fine clothes make the man.

Physics is difficult but interesting.

Her thanks to me was hardly able to hear.

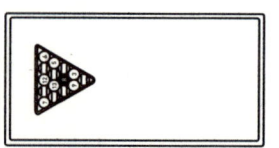

Eight ball billiards is played with 15 balls.

The police are waiting for the suspect.

- 그는 골프를 치고 있다.
- 물리학은 어렵지만 재미있다.
- 에잇볼 당구는 15개의 공으로 하는 게임이다.
- 옷이 날개다.
- 그녀가 나에게 한 감사 인사는 거의 들리지 않았다.
- 경찰들이 용의자를 기다리고 있다.

5 짝을 이루는 명사 🔊 25-30

바지, 안경, 망원경, 가위 등은 두 갈래가 하나로 합쳐져서 만들어진 물건들이다. 이 명사는 항상 복수형으로 사용되며 a/an, two, three 등이 앞에 올 수 없고, 개수를 세려면 a pair of~를 쓴다.

I need to buy new shoes.

She showed up wearing a pair of jeans at the meeting.

I made a bunny doll with socks.

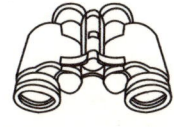

We observed the man with a pair of binoculars.

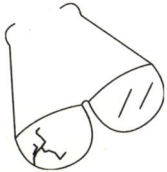

She accidently stepped on my glasses.

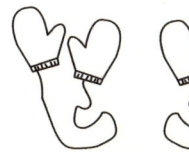

I bought my son two pairs of gloves.

- 나는 새 신발을 사야겠다.
- 나는 양말로 토끼 인형을 만들었다.
- 그녀가 모르고 나의 안경을 밟았다.

- 그녀는 회의에 청바지를 입고 나타났다.
- 우리는 망원경으로 그 남자를 감시했다.
- 나는 아들에게 장갑 두 켤레를 사 주었다.

Chapter 20

관사

관사는 명사와 떨어질래야 떨어질 수 없는 사이이다.
함께 쓰이는 명사의 수를 결정하기도 하고 그 명사의 성질을 규정하기도 한다.
부정관사인 a/an은 하나 또는 듣는 사람이 모르는 막연한 명사를 나타내고
정관사 the는 앞에 나왔던 명사, 듣는 이가 알고 있는 명사를 지칭한다.

1 부정관사 a/an이 시간이나 단위를 나타내는 명사와 함께 쓰일 경우
every(~마다)라는 의미를 가지게 된다.
또한 유명한 인물의 이름은 일반명사로 취급하여 부정관사 a/an을 붙인다.

2 정관사 the는 형용사의 최상급 표현이나 세상에서
하나밖에 존재하지 않는 명사(특정한 것) 앞에 붙여 쓰며,
first, second, third와 같이 서수 표현 앞에서도 쓰인다.

1 a/an과 the (1)

관사에는 부정관사와 정관사가 있다. 부정관사는 a/an이며, 정관사는 the이다.

I bought an English-Korean dictionary yesterday.

I have a dog.
The dog has a short tail.

Rome is **a big city** in Italy.

I ate a sandwich.
The sandwich was not very good.

Can you lend me **an umbrella**?

Among the people, no one wears **a hat**.

- 나는 어제 영한사전 한 권을 샀다.
- 로마는 이탈리아에서 커다란 도시이다.
- 너는 나에게 우산 하나를 빌려 줄 수 있니?

- 나는 개 한 마리를 가지고 있다. 그 개는 짧은 꼬리를 가졌다. • 나는 샌드위치를 먹었다. 그 샌드위치는 별로 맛이 없었다. • 그 사람들 중 아무도 모자를 쓰지 않았다.

1-1 a/an과 the (2) 🎵 7-12

'횟수 또는 시간+a/an+시간'의 표현에서 a/an은 '매 ~마다'라는 뜻으로 every와 같은 의미를 가진다. 또한, 유명 인사나 위인을 가리키는 고유명사에 a/an을 쓴 표현은 '~와 같은 사람'을 나타낸다.

I watch TV for two hours a day.

The Earth goes round the sun.

We have three meals a day.

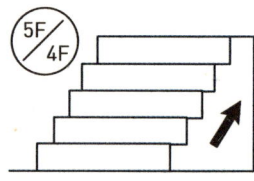

Our classroom is on the fifth floor.

He says that he wants to be an Edison.

A: Who is the tallest boy in the class?
B: Tom and Bill.
They are the same.

- 나는 매일 두 시간씩 TV를 본다.
- 우리는 하루에 세 끼의 식사를 한다.
- 그는 에디슨과 같은 사람이 되고 싶다고 말한다.
- 지구는 태양 주위를 돈다.
- 우리 교실은 5층에 있다.
- A : 반에서 가장 키가 큰 아이가 누구지?
  B : 톰과 빌이야. 그들은 키가 같아.

2 일반적 의미와 구체적 의미 🔊 13-18

정관사 the가 일반적으로 악기 이름, 어떠한 종류의 전체를 가리켜 대표적으로 서술할 때, 'the+형용사' 의 형태는 일반명사로 취급되어 '~한 사람들'이라고 해석할 때 쓰인다. the의 기본적인 의미는 이미 언급되었거나 상대방과 화자 모두가 그 명사가 가리키는 것을 알 때, '바로 그것' 또는 '특정한 것' 이라고 구체적으로 언급할 때 쓴다.

I'm learning the guitar these days.

Could you open the window?

The horse can run so fast.
/ Horses can run so fast.

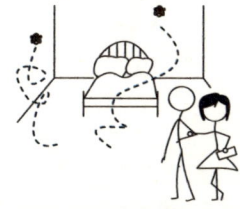

We couldn't enjoy our vacation. The hotel was awful.

He always helps the poor
/ He always helps poor people.

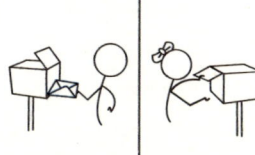

I wrote to her but the letter never arrived.

- 나는 요즘 기타를 배우고 있다.
- 말은 매우 빨리 달릴 수 있다.
- 그는 항상 가난한 사람들을 돕는다.

- 창문 좀 열어 주시겠어요?
- 우리는 휴가를 즐길 수가 없었다. 그 호텔은 너무 끔찍했다.
- 나는 그녀에게 편지를 썼지만 그 편지는 도착하지 않았다.

3 관사를 쓰지 않는 경우 🎵 19-24

식사 이름과 스포츠, by+교통수단, 또 어떤 건물이나 장소 자체를 지칭하는 것이 아니라 그 건물을 지은 '목적'이나 '정서'를 나타낼 때는 관사를 쓰지 않는다. '명사+숫자'에도 the를 사용하지 않는다.

I usually go to school by bus.

What time do you go to bed?

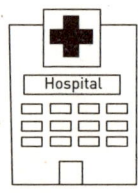

I have been in hospital for 2 weeks.

We played baseball until it got dark.

Please open page 29 of the book.

She is staying Room 301.

- 나는 보통 버스를 타고 학교에 간다.
- 나는 2주 동안 입원해 있었다.
- 그 책의 29쪽을 펴 주세요.

- 너는 몇 시에 자러 가니?
- 우리는 어두워질 때까지 야구를 했다.
- 그녀는 301호에서 머물고 있다.

4 고유명사와 관사 🎧 25-30

사람의 이름 앞에는 관사를 붙이지 않는다. 마찬가지로 지명과 특정한 브랜드나 상호에도 관사를 붙이지 않는다. 그리고 국가의 이름 중에 Republic, Kingdom, States가 포함되어 있을 경우 the와 함께 붙여 사용한다. 또한 'the+국가 이름(국가의 형용사형)'은 그 나라의 사람들을 가리킨다.

Dr. Johnson

**We called the doctor.
He was Doctor Johnson.**

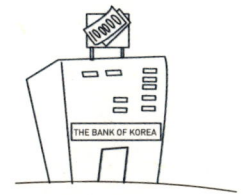

This bill is issued from the Bank of Korea.

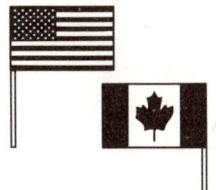

She visited Canada and the United States.

We are going to stay at the Hilton Hotel.

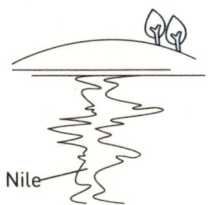

Nile

The longest river in the world is the Nile.

The Chinese look similar to the Korean.

- 우리는 그 의사를 불렀다. 그는 존슨 박사였다.
- 그녀는 캐나다와 미국을 방문했다.
- 세계에서 가장 긴 강은 나일 강이다.
- 이 지폐는 한국은행에서 발행되었다.
- 우리는 힐튼 호텔에서 머물기로 했다.
- 중국 사람들은 한국 사람들과 비슷하게 보인다.

Chapter 21

한정사

한정사는 명사를 한정해 주는 말이다.

그냥 책(book)이라고 말하면 어떤 책인지 모르기에

a book(어떤 책),

the book(그 책),

혹은 my book(내 책)이라고

한정사를 써주면 뜻이 아주 명확해 진다.

한정사들은 명사를 꾸며주는 위치에 있어서 가장 첫 번째 자리를 차지하므로

한정사가 나오면 뒤에는 무조건 명사가 나온다고 보면 된다.

한정사의 종류는 다양해서 각자의 목적에 따라

대명사, 명사, 수사, 형용사 등으로 다양하게 올 수 있다.

명사를 수식한다는 의미에서 이들은 모두 한정사라고 한다.

I 단수, 복수, 셀 수 없는 명사 🎧 1-6

단수명사와 함께 쓰는 한정사 a/an, one, each, every, this/that
복수명사와 함께 쓰는 한정사 two/three/···, both, many, a few, few,
a number of, several, these/those
셀 수 없는 명사와 함께 쓰는 한정사
much, a little, little, a large amount of, a great deal of
복수명사와 셀 수 없는 명사에 모두 쓰이는 한정사
some, all, most, a lot of, lots of, plenty of

I have only one student in my guitar class.

I have some flowers in my hands.

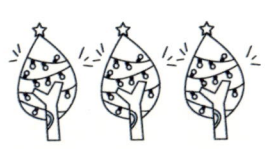

Many trees are decorated with lights.

Would you like some coffee?

The construction needs a large amount of sand.

I kept coughing all day.

- 나는 나의 기타 교습에 단 한 명의 학생을 데리고 있다.
- 많은 나무들이 전등으로 장식되어 있다.
- 그 건축 공사는 많은 양의 모래를 필요로 한다.
- 나는 손에 몇 송이의 꽃을 가지고 있다.
- 커피 좀 드시겠어요?
- 나는 하루 종일 기침을 했다.

2 많은 사람들 또는 그 사람들 중에 많은 사람들 🎵 7-12

수량을 나타내는 한정사 뒤에 명사가 오는 표현과 '한정사+of+the 명사'를 구분해서 이해해야 한다.

I bought many sandwiches.

I ate some of the sandwiches.

Mom drinks a lot of tea a day.

Black tea

Green tea

Some of the tea is black tea.

Many students are running toward the gate.

All of the students were late for the class.

- 나는 많은 샌드위치를 샀다.
- 엄마는 하루에 많은 차를 마신다.
- 많은 학생들이 출입문을 향해 달려가고 있다.
- 나는 그 샌드위치 중에 몇 개를 먹었다.
- 그 차 중에 몇몇은 홍차이다.
- 그 학생들은 모두 수업에 늦었다.

3 all, every, each MP3 13-18

all은 '모든(것, 사람들)'을 의미하며, 한정사로 쓰일 경우 뒤에 복수명사나 셀 수 없는 명사를 쓸 수 있으며, of 다음에 the가 오면 of는 생략할 수도 있다. every는 '모든'이라는 뜻이며 뒤에 항상 단수명사를 사용하며 단수 취급을 한다. each는 '각각(의)'이라고 해석되며 뒤에 항상 단수명사를 사용한다.

All flowers are beautiful.

All (of) the flowers in this garden are tulips.

She wanted me to give her **all my money**.

Every seat in the bus was taken.

Each of the pockets in my pants is empty.

Each book on the table was a different size.

- 모든 꽃들은 아름답다.
- 그녀는 내가 그녀에게 모든 돈을 주기를 원했다.
- 내 바지의 모든 주머니에는 아무것도 없다.
- 이 정원에 있는 모든 꽃들은 튤립이다.
- 버스의 모든 좌석이 차 있었다.
- 테이블에 있는 각각의 책은 크기가 서로 달랐다.

4 many와 much 🎵 19-24

many와 much는 둘 다 '많은'이라는 뜻을 가지고 있지만 수식하거나 설명하는 대상의 성질이 다르다. many는 셀 수 있는 명사 앞에서 쓰여서 대상의 수가 많은 것을 뜻하며, much는 셀 수 없는 명사 앞에 쓰여서 대상의 양이 많은 것을 말한다. 하지만 many나 much의 구분 없이 둘 다 a lot of/lots of/plenty of로 바꿔 쓸 수 있다.

I own many houses in many cities.

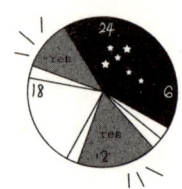

She has a lot of time to take a rest.

She was locked in the elevator for many hours waiting to be rescued.

You should get plenty of money ready in advance to enter the university.

A lot of people have come to take a picture of me.

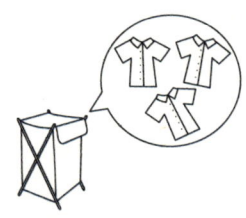

Many of my shirts are in a laundry basket.

- 나는 많은 도시에 많은 집들을 소유하고 있다. • 그녀는 구조를 기다리며 많은 시간 동안 엘리베이터에 갇혀 있었다. • 많은 사람들이 내 사진을 찍으러 왔다.
- 그녀는 휴식을 취할 수 있는 시간이 많다. • 너는 대학에 들어가려면 충분한 돈을 미리 마련해야 한다. • 내 셔츠 중의 많은 것들이 세탁 바구니에 들어가 있다.

5 some과 any 🔊 25-30

보통 some은 긍정문에서 쓰이고 any는 부정문, 의문문에서 쓰이는 한정사이다. 하지만 의문문이더라도 부탁이나 확인을 위한 의문문에서는 some을 쓴다. 그리고 긍정문이더라도 if가 쓰인 문장 안에서는 some 대신 any를 쓴다.

I have some experience in teaching math.

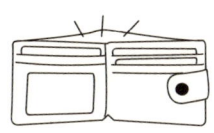

She went out without any money.

Would you like something to drink?

If there are any letters for me, can you bring me them?

There's somebody at the door.

Do any of you guys volunteer?

- 나는 수학 강의에 경험이 좀 있다.
- 마실 것 좀 드실래요?
- 문에 누군가 있다.

- 그녀는 돈도 없이 외출을 했다.
- 만약 나에게 온 편지가 있으면, 제게 좀 갖다 주실래요?
- 누구 지원할 사람 없어요?

6 a few와 a little 31-36

a few와 a little은 둘 다 '조금 있는'이라는 뜻이지만 a few/few는 셀 수 있는 명사(복수형)에 쓰여서 수를 나타내고, a little/little은 셀 수 없는 명사에 쓰여서 적은 양을 나타낸다. 단, few와 little은 의미가 다르다. 이들은 '거의 없는'이라는 뜻으로 쓰여 다소 부정적 의미가 있다.

A few cards are left in my hands.

There is a little money in my account.

Few cards are left in my hands.

There is little room for this computer on the desk.

I just need a few of the apples.

I just need a little of the cake.

- 내 손에 몇 장의 카드가 남아있다.
- 내 손에 카드가 거의 남아 있지 않다.
- 나는 단지 그 사과 중에 몇 개가 필요할 뿐이야.

- 내 은행 계좌에 돈이 조금 있다.
- 책상에 컴퓨터를 놓을 공간이 거의 없다.
- 나는 단지 그 케이크를 조금만 먹고 싶을 뿐이다.

ㄲ no와 none

no가 명사 앞에서 형용사로 쓰일 때는 'not~any+명사'와 같은 의미이며, '~가 아닌, ~가 없는'이라는 뜻으로 해석된다. none은 대명사이지만 문장 전체를 부정문으로 만든다. 또한 'none of+복수명사'의 형태로도 쓰인다.

No one came to my birthday party.

There were **none present** at the lecture.

I have **no choice** but to walk. The bicycle is broken.

None of the students got an A on the test.

No news is good news.

None of the clothes will fit you.

- 아무도 내 생일 파티에 오지 않았다.
- 걸어가는 것 밖에 방법이 없어. 자전거가 고장 났거든.
- 무소식이 희소식이다.

- 강의에 출석한 사람이 아무도 없었다.
- 학생들 중 아무도 시험에서 A를 받지 못했다.
- 그 어떤 옷도 너에게 맞지 않을 거야.

8 both, either, neither MP3 43-48

both는 복수명사, either과 neither은 단수명사와 함께 쓰인다. **both(of)+복수명사**(둘 다), **either+단수명사**(어느 한 쪽의), **either of+복수명사**((단수 취급) ~중에 하나), **neither+단수명사**(어느 쪽도 아닌), **neither of+복수명사**(=not either of+복수명사), ((단수 취급) ~중에 아무것도 ~아니다)

Both computers are very good.

Both of my parents are beautiful and smart.

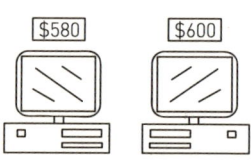

Neither computer is expensive.

Neither of my parents wears glasses.

We can buy **either computer**.

Neither of my parents is taller than me.

- 컴퓨터 두 대 모두 매우 좋다.
- 컴퓨터 두 대 다 비싸지 않다.
- 우리는 둘 중 아무거나 살 수 있어.

- 나의 부모님 두 분 모두 아름답고 똑똑하시다.
- 나의 부모님 두 분 모두 안경을 쓰지 않으신다.
- 나의 부모님 두 분 중 어느 분도 나보다 크지 않다.

9 another, other, others 🎵 49-54

another는 '또 다른 하나(의)'라는 뜻을 가지고 있으며 단수를 의미하기 때문에 항상 단수명사와 함께 쓰이기도 하며, 단수명사 없이 스스로 단수대명사로 쓰이기도 한다. other는 복수명사를 수식하는 형용사나 대명사이다. 대명사로 쓰일 경우에는 항상 복수형 others를 쓴다. 그 이유는 단수명사의 대명사로는 another가 쓰이기 때문이다.

Would you like another cup of coffee?

Your mom was more beautiful than any other girls in this town.

She looks like another person.

This one tastes much better than others.

There's no other place like home.

He often intrudes his opinion on others.

- 커피 한 잔 더 하시겠어요?
- 그녀는 다른 사람처럼 보였다.
- 집만한 곳은 없다.

- 네 엄마는 이 마을의 그 어떤 여자들보다 예뻤단다.
- 이건 다른 것보다 맛이 훨씬 좋네요.
- 그는 종종 그의 의견을 다른 사람들에게 강요한다.

Chapter 22

대명사

이미 앞서 언급한 명사를 대신하거나 사람,
사물의 실질적인 이름을 대신해서 사용하거나 불분명한 대상을 가리킬 때 사용하는
대명사는 문장에서 명사와 같은 기능을 한다. 이 대명사가 없다면 우리는
영어를 쓰는데 있어서 매번 그 이름을 불러야만 할 것이다.
만약 모르는 것을 물어볼 때, 저것은 뭐야? 라는 질문도 할 수 없다.
또한 말마다 '영수, 철수 그리고 영희'를 매번 반복해야 한다.
그래서 우리가(we)라는 대명사가 필요하다.

대명사의 종류로는

1. 사람을 지칭하는 인칭대명사

2. 사물 혹은 사람을 지칭하는 지시대명사

3. 의문을 나타내는 의문대명사

4. 막연한 사물을 나타내는 부정대명사

등으로 크게 나뉜다.

1 인칭대명사(1)

사람을 가리키는 대명사로 문장에서 쓰이는 역할에 따라 주격, 목적격, 소유격이 있다. 인칭별로 나누어서 1인칭, 2인칭, 3인칭으로 나눈다.

주격 인칭대명사

1인칭	I	I like Sara.
	we	We like Sara.
2인칭	you	You like Sara.
3인칭	he	He likes Sara.
	she	She likes Sara.
	they	They like Sara.
	it(사물)	It is good for Sara.
	they(사람)	They are good for Sara.

목적격 인칭대명사

1인칭	me	Sara likes me.
	us	Sara likes us.
2인칭	you	Sara likes you.
3인칭	him	Sara likes him.
	her	Sara likes her.
	them	Sara likes them.
	it	Sara likes it.
	them	Sara likes them.

1-1 인칭대명사(2)

소유대명사는 '소유격+물건'으로 소유를 나타내는 대명사이며, '~의 것'으로 해석된다.

소유격 인칭대명사

1인칭	my	I like my job.
	our	We like our jobs.
2인칭	your	You like your job.
3인칭	his	He likes his job.
	her	She likes her job.
	their	They like their jobs.
	its	A dog bites its tail.

소유대명사

1인칭	my → mine	The money is mine.
	our → ours	The money is ours.
2인칭	your → yours	The money is yours.
3인칭	his → his	The money is his.
	her → hers	The money is hers.
	their → theirs	The money is theirs.

1-2 인칭대명사(3): 형태 🔊 1-6

I know your sister, Jane.

Our plan is to buy a new house with a pool.

She gave him her number.

I saw a fancy car behind them. It was theirs.

He teaches us English.
We like his lecture.

I saw a butterfly flapping its wings.

- 나는 너의 여동생 제인을 안다.
- 그녀는 그에게 그녀의 전화번호를 주었다.
- 그는 우리에게 영어를 가르친다.
  우리는 그의 강의를 좋아한다.
- 우리의 계획은 수영장이 있는 새 집을 사는 것이다.
- 그들 뒤편에 있는 멋진 차 한 대를 봤다. 그것은 그들의 것이었다.
- 나는 날개를 펄럭이는 나비 한 마리를 보았다.

2 지시대명사 MP3 7-12

this는 '이것'이라는 뜻으로 가리키는 대상이 가까이에 있을 때 사용하며, that은 '저것'이라는 뜻으로 가리키는 대상이 다소 떨어져 있을 경우에 사용한다. 이들은 모두 복수명사와 함께 쓰는 복수형 these/those가 있다.

This is my girlfriend, Susan.

These are my parents.

This is hard for me to understand.

Look at that!
That's Eiffel Tower!

This is Tom speaking.
May I help you?

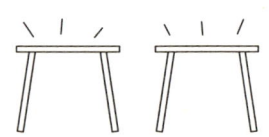

Those desks are vacant.

- 이 사람은 내 여자 친구 수잔이다.
- 이건 내가 이해하기 어려운 것이다.
- 저는 톰입니다. 무엇을 도와드릴까요?

- 이 분들은 나의 부모님이다.
- 저거 봐! 저게 에펠탑이야!
- 저 책상들은 비어 있다.

3 부정대명사 13-18

부정대명사란 정해져 있지 않은 명사를 막연하게 가리킬 때 사용하는 대명사이다. 주로 one을 많이 사용하며, 특히 사물을 나타낼 때는 something, anything, nothing이 사용된다. 특히, 개수가 여럿인 사물/사람 중에서 하나씩 가리켜가며 설명할 때는 one, another, the other를 사용하며, 복수로 묶어서 설명할 때는 some, the others를 사용한다.

I think my dog is one of my family.

Is there something on my back?

I've got three watches. One is digital. Another is silver metal, and the other is just black.

She is one of my best friends.

I have no idea which one is my friend.

The third class is for foreign languages. Some of the students are for French. The others are for German.

• 나는 내 개가 우리 가족의 일원이라고 생각한다. • 나는 손목시계가 세 개 있다. 하나는 디지털 시계이다. 다른 하나는 은색 금속 시계, 나머지 하나는 그냥 검은 시계이다. • 어느 쪽이 내 친구인지 모르겠다.

• 내 등에 뭔가 있나요? • 그녀는 나의 가장 친한 친구들 중 한 명이다. • 3교시는 외국어 시간이다. 학생들 중 몇 명은 프랑스어를 배운다. 나머지는 독일어를 배운다.

4 의문대명사 🎵 19-24

의문사 중에서 문장의 주어나 목적어, 보어 역할(명사의 기능)을 할 수 있는 것을 의문대명사라고 한다. 의문대명사는 대부분 의문문에서 많이 쓰이며, who, whom, whose, what, which이다.

Who(m) are you going to see?

What is he doing?

A: **Whose** car is this?
B: It's mine.

Which is your book among these?

What can I do for you?

Which do you prefer, comic books or novels?

- 당신은 누구를 만나러 가려는 거죠?
- A : 이 차는 누구의 것이죠?
  B : 그건 내 것이에요.
- 내가 당신을 위해 무엇을 해 줄까요?
- 그는 무엇을 하고 있나요?
- 이것들 중 어떤 것이 너의 책이니?
- 만화책과 소설 중 어떤 것을 더 좋아하니?

5 there과 it 25-30

it는 대명사이므로 반드시 지칭하는 대상이 선행되어야 한다. 하지만 there is/are 구문은 어떠한 사물이 '~있다/없다'를 서술하는 구문이므로, 구체적인 대상을 가리키는 it is 구문과 구분할 수 있어야 한다. 또한, it는 단수명사를 지칭하는 대명사이므로 복수로 취급될 수 없다.

There is a book. It is written by Tom.

A: Is there a pen on the table?
B: Yes, there is. (not 'it is')

There is a cup of coffee.
I made it for my mom.

There are two cups on the table.
They are both filled with juice.

She lives on a busy road. There must be a lot of noise from the traffic.

She lives on a busy road. It must be very noisy.

- 책이 한 권 있다. 그 책은 톰이 쓴 것이다.
- 커피 한 잔이 있다. 나는 그것을 엄마를 위해 만들었다. • 그녀는 번잡한 도로에 살고 있다. 거기엔 분명히 자동차 때문에 많은 소음이 있을 것이다.

- A : 탁자 위에 펜이 있나요? B : 예, 있습니다. • 탁자 위에 컵 두 개가 있다. 그 둘 다 주스로 채워져 있다. • 그녀는 번잡한 도로에 살고 있다. 거기는 분명히 시끄러울 것이다.

6 it

it는 '그것'이라는 대명사 말고도 많은 표현이 가능하다. 우선, it는 비인칭 대명사로 사용되어 시간, 날씨, 거리, 상황을 나타내는 문장에서 주어로 쓰인다. 하지만 비인칭 대명사 it는 해석하지 않는다. 그리고 to부정사나 that절 대신에 쓰는 가주어 it이 있다

A: What time is it?
B: It's 2 p.m..

It's so noisy here.
People talk so loudly.

It's raining now.

It's not easy to drive in the rain.

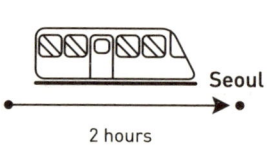

It takes two hours to Seoul by train.

It was wonderful that she sang the song in front of the class.

- A : 지금 몇 시예요? B : 오후 두 시예요.
- 지금 비가 내리고 있다.
- 서울까지 기차로 두 시간이 걸린다.

- 여기는 너무 시끄럽다. 사람들이 큰 소리로 떠든다. • 빗속에서 운전하는 것은 쉽지 않다.
- 그녀가 반 학생들 앞에서 그 노래를 부른 것은 멋졌다.

ㄱ each other 🔊 37-42

each other는 둘 사이의 '서로'라는 의미를 가지고 있다. 종종 셋 이상의 경우에도 each other를 사용하기도 한다.

They are staring at each other.

They look mad at each other.

They are taking care of each other.

Tom introduced us to each other.

Bill and I bumped into each other on the street.

We always help with each other's homework.

- 그들은 서로 노려보고 있다
- 그들은 서로를 잘 챙겨주고 있다.
- 빌과 나는 거리에서 우연히 마주쳤다.

- 그들은 서로에게 화가 난 것처럼 보인다.
- 톰이 우리에게 서로를 소개시켰다.
- 우리는 항상 서로의 숙제를 도와준다.

8 one과 ones

one은 정해져 있지 않은 명사를 막연하게 가리킬 때 사용하는 대명사이다. 또한 이미 언급되었던 명사와 관계없이 수식어를 동반하여 사용하기도 한다. 주로 사람을 가리킬 때 많이 사용하며 특정한 명사의 종류에서 개수를 여러 개 가리킬 때는 복수형 ones를 사용한다.

I don't have a pen.
Can I borrow one?

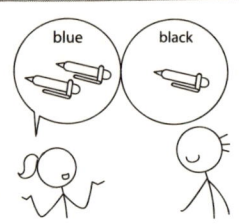

Please give me three pens,
two blue ones, a black one.

Will you show me this one?

I broke my glasses.
I need new ones.

Which one do you mean?

I like animals.
Especially, little ones.

- 나는 펜이 없어요. 하나 빌려 줄래요?
- 제게 이거 좀 보여 줄래요?
- 당신이 어떤 것을 말한 거죠?

- 펜 세 개 좀 주세요, 파란색 두 개와 검은색 한 개요. • 나는 내 안경을 깨뜨렸다. 나는 새 안경이 필요하다. • 나는 동물을 좋아한다. 특히 작은 동물.

Unit 10 수식어

보기 좋은 떡이 먹기도 좋다고 했죠? 말도 마찬가지예요.
같은 말을 하더라도 예쁘게 꾸며서 이야기를 한다면 듣는 사람도
덩달아 기분이 좋아지고 이해하기도 훨씬 쉬워요.
이런 의미에서 수식어란 문장을 이루고 있는 기본 골격인
주어나 동사, 형용사나 부사를 꾸며주거나,
아니면 문장 전체를 꾸며주는 단어나 구(phrase)를 의미해요.

보통 수식어는 크게 두 종류로 나눌 수가 있는데,
명사를 수식하는 형용사적 수식어와 동사나 형용사, 부사, 또는
문장 전체를 수식하는 부사적 수식어로 나눌 수 있어요.

Chapter 23

형용사

형용사는 사람, 동·식물, 사물의 성질을 나타내는 말이다.
위치는 명사의 앞 또는 뒤에서 그 명사를 직접 수식하거나
보어로 쓰여서 주어나 목적어의 성질, 상태를 설명해 준다.
많은 형용사들이 동사나 명사에서 변형, 파생되어 생겨난다.

형용사는 명사를 수식하는 기능과 문장에서 보어 역할을 할 수 있는데
이 둘의 기능을 구분해서 한정용법과 서술용법이라고 한다.

1 형용사의 한정용법

대부분의 형용사는 한정용법으로 명사를 수식한다.
즉 명사의 바로 앞이나 뒤에서 꾸며준다.

2 형용사의 서술용법

명사 앞 또는 be동사 뒤

alone, afraid, alive, awake, asleep, aware 등의 형용사는
be, look, became, get, seem과 같은 동사 뒤에서 보어로 쓰인다.

1 형용사의 위치 🎧 1-6

형용사는 명사를 수식할 때는 항상 명사 앞에 위치하지만 something/anything/nothing과 같은 부정대명사를 수식할 때는 명사 뒤에서 수식한다. 또한 형용사는 문장에서 보어로 쓰여서 2형식이나 5형식의 보어 자리에 위치한다.

We had dinner in a fancy restaurant.

She looks happy now.

**It's so hot.
Is there something cold?**

His sister broke his wonderful toy car.

You should keep your room clean.

He got angry at his sister.

- 우리는 고급스러운 식당에서 저녁 식사를 하였다.
- 정말 덥네요. 차가운 거 있나요?
- 너는 네 방을 깨끗하게 유지해야 한다.
- 그녀는 지금 행복해 보인다.
- 그의 여동생이 그의 멋진 장난감 자동차를 망가뜨렸다.
- 그는 여동생에게 화가 났다.

2 명사 앞 또는 be동사 뒤(1) 🎧 7-12

특히 be, look, became, get, seem과 같은 동사 뒤에서 서술용법이 많이 쓰인다. 예로는 alone, afraid, alive, awake, asleep, aware 등의 형용사가 있다.

I had a lonely night yesterday.
(not 'a alone night')

He seems glad to see me.

We saw a gorgeous woman walking down the street.

He is afraid of a mouse, even though he is a big guy.

Jason is a careful reader.

John became aware that Jane didn't like him.

- 나는 어제 외로운 밤을 보냈다.
- 우리는 매력적인 여자가 길을 걸어가는 것을 보았다.
- 제이슨은 꼼꼼하게 읽는 사람이다.

- 그는 나를 만나 기뻐하는 것 같다.
- 그는 덩치가 큰 데도 불구하고 쥐를 무서워한다.
- 존은 제인이 그를 좋아하지 않는다는 것을 알게 되었다.

2-1 명사 앞 또는 be동사 뒤 (2) 🎵 13-18

형용사 중에는 한정용법으로 쓰일 때와 서술용법으로 쓰일 때 뜻이 달라지는 형용사가 있다.

He wanted to know my present address.

He was present at the meeting.

She raised her right hand.

My watch isn't right.

A certain lady asked me the way to bus stop.

It is certain that she is mad at me.

- 그는 나의 현재 주소를 알고 싶어 했다.
- 그녀는 오른손을 들었다.
- 어떤 한 여자분이 나에게 버스 정류장으로 가는 길을 물어보았다.

- 그는 회의에 참석했다.
- 나의 시계는 정확하지 않다.
- 그녀는 나에게 화가 난 것이 확실하다.

3 형용사 종류와 어순 19-24

여러 형용사가 하나의 명사를 수식하는 경우가 있다. 이때 이 여러 가지 형용사가 가지는 의미에 따라 순서대로 써야 한다. 그 순서는 보통 '성질-크기-모양-넓이-연령-색깔-출신-만들어진 성분' 순이다.

FOR A MONTH~

I had a nice long summer vacation.

I had a delicious hot vegetable soup.

I saw a tall young man with big blue eyes wearing an old white cotton shirt.

I have a big fat black cat.

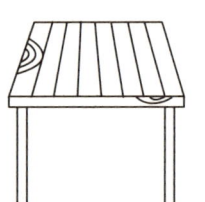

She is drinking a coffee at the large wooden table.

They are small old American travelers.

- 나는 길고 재미있는 여름휴가를 보냈다.
- 나는 크고 파란 눈을 가진 키가 크고 젊은 남자가 오래된 하얀 면 셔츠를 입고 있는 것을 보았다. • 그녀는 나무로 된 큰 탁자에서 커피를 마시고 있다.
- 나는 따뜻하고 맛있는 채소 스프를 먹었다.
- 나는 크고 뚱뚱한 검은 고양이를 가지고 있다.
- 그들은 키가 작고 늙은 미국 여행자였다.

4 the + 형용사 25-30

정관사 the의 특별한 용법으로 뒤에 형용사가 같이 쓰이면 일반명사가 된다.
그 뜻은 '~한 사람들(형용사+people)'이 된다. the young(젊은이들),
the handicapped(장애인들), the deaf(청각 장애인들), the disabled(장애인들),
the dead(죽은 사람들), the missing(행방불명자들)…

There's a computer lesson for the elderly on Sundays.
(=elderly people)

The homeless sought shelter from the chilly shower.
(=homeless people)

The wounded were given first aid.

One must help the weak.

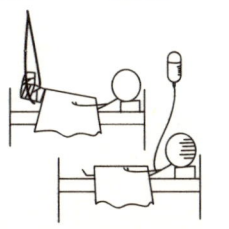

Nurses care for the sick.

A police man helped the blind across the street.

- 일요일마다 노인들을 위한 컴퓨터 강좌가 있다.
- 부상자들은 응급 치료를 받았다.
- 간호사들은 환자를 간호한다.
- 집 없는 사람들은 차가운 소나기를 피할 곳을 찾으려 했다.
- 사람은 약한 자들을 도와야 한다.
- 경찰관이 맹인이 길을 건너는 것을 도와주었다.

5 의문형용사 🎵 31-36

의문형용사는 의문대명사와 비슷하지만, 의문사가 뒤에 나오는 명사를 수식하는 형태로 구분 짓는다. 특히 'how+형용사/부사'는 여러 표현이 가능하다.
how long~?(얼마나 오래), how much~?(얼마나 많이/가격이 얼마나),
how tall~?(키가 얼마나), how often~?(얼마나 자주)

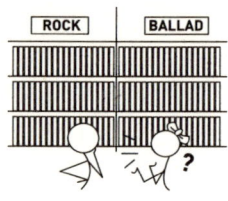

What kind of music do you like?

How many cars do you have?

What day is it today?

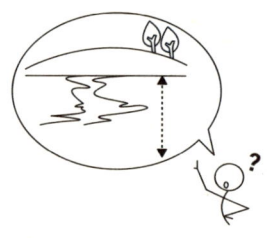

How deep is this lake?

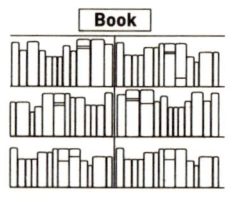

Which book do you want to read?

How old is your dog?

- 너는 어떤 종류의 음악을 좋아하니?
- 오늘이 무슨 요일인가요?
- 어느 책을 읽고 싶으세요?

- 당신은 얼마나 많은 차를 가지고 있나요?
- 이 호수는 얼마나 깊은가요?
- 당신의 개는 몇 살인가요?

Chapter 24

부사

부사는 기본적으로 동사를 꾸미는 역할을 하고,
더 나아가 형용사, 다른 부사, 문장 전체 등을 꾸며준다.
종류에 따라서 정도(how much), 방법(how), 장소(where),
시간(when), 빈도(how often) 등 다양한 의미를 전달한다.

문장의 위치는 다양하다.

(1)형용사/부사 앞 (2)문장 앞 (3)문장 중간 (4)문장 끝에 온다.
문장 중간은 첫 번째 조동사 뒤, 동사 앞이고,
문장 끝 위치는 1형식은 동사 뒤, 3형식은 목적어 뒤이다.

부사의 형태는 기본적으로 '형용사+-ly'이다.
하지만 예외적인 것들이 있어서

1. hard, late 처럼 형용사와 부사의 형태가 같은 것도 있고,

2. hard/hardly, late/lately처럼 -ly가 붙으면 의미가 달라지는 것도 있다.

3. 또한 빈도 부사나 already/yet/still, too/enough처럼 -ly 형태와 관계없는 것들도 있다.

1 부사의 종류 (1)

부사에는 시간을 나타내는 시간부사, 장소를 나타내는 장소부사, 문장 전체를 수식하는 문자부사가 있다.

시간부사

now, then, before, ago, already, just, later, still, soon, yet, late, early

Prices were lower then.

장소부사

here, there, upstairs, away, far, down, up, back, near

Look at that lady over there.

문자부사

surprisingly

Surprisingly, Jane broke up with John.

- 그때에는 물가가 더 낮았다.
- 저기 있는 저 숙녀를 보세요.
- 놀랍게도, 제인은 존과의 절교를 선언했다.

1-1 부사의 종류(2)

부사에는 모양이나 태도를 설명하는 양태부사, 동작의 횟수나 빈도를 나타내는 빈도부사, 모습이나 동작의 정도를 가리키는 정도부사가 있다.

양태부사 well, slowly, politely, safely	 She thanked me politely.
빈도부사 often, sometimes, always, usually, seldom, frequently	 They usually have dinner at 8 o'clock.
정도부사 very, much, completely, enough	 He was very surprised at the news.

- 그녀는 나에게 정중히 감사했다.
- 그들은 대개 8시에 저녁 식사를 한다.
- 그는 그 소식을 듣고 무척 놀랐다.

2 형용사 또는 부사 (1) 7-12

대부분의 부사는 형용사에서 파생되는 경우가 많다. 그 대표적인 예가 형용사에 -ly를 붙인 형태이다. 부사로 바뀐 후에도 그 의미는 같으며 우리말로 해석할 때 '~하게, ~적으로'가 된다.

She read the message quickly.

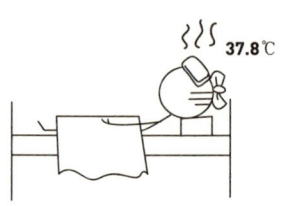

She's suffering severely from fever.

The 4-year-old boy speaks English perfectly.

Tom is carrying the vase carefully.

The examination was surprisingly easy.

I meet him regularly, once a week.

- 그녀는 그 메시지를 빠르게 읽었다.
- 그 네 살짜리 아이는 영어를 완벽하게 구사한다.
- 그 시험은 놀랍게 쉬웠다.
- 그녀는 고열로 심하게 앓고 있다.
- 톰은 그 물병을 조심스럽게 옮기고 있다.
- 나는 그를 일주일에 한 번 정기적으로 만난다.

2-1 형용사 또는 부사 (2) 🎧 13-18

형용사에 -ly를 붙여서 부사가 되어도 의미가 같은 단어가 있는가 하면, 그 의미는 전혀 달라지는 단어도 있다. 또한 그 의미는 같지만 전혀 다른 형태의 부사로 바뀌는 것도 있다. 그리고 형용사에 -ly를 붙이지 않고도 부사로 기능하는 fast, hard, late, early, high와 같은 단어가 있다.

He is a good cook.
He cooks well.

He is a fast runner.
He can run fast.

Ann is a hard worker.
= Ann works hard.
(not 'works hardly')

I was nearly hit by the car.

I could hardly hear him in the party.

She wears perfume a lot lately.

- 그는 좋은 요리사이다. 그는 요리를 잘 한다.
- 앤은 열심히 일하는 사람이다. 앤은 열심히 일한다.
- 나는 그 파티에서 그의 말을 거의 들을 수 없었다.

- 그는 빨리 달리는 사람이다.
  그는 빨리 달릴 수 있다.
- 나는 거의 차에 치일 뻔 했다.
- 그녀는 요즈음 향수를 많이 뿌린다.

3 부사의 어순 19-24

빈도부사는 문장에서 be동사나 조동사 뒤, 일반동사 앞에 위치한다. 또 일반적으로 나머지 부사는 주로 문장 맨 뒤에 위치하지만, 시간부사는 문장 맨 앞에 위치할 수 있다. 그리고 많은 부사가 한꺼번에 쓰인 문장에서는 보통 '양태부사-장소부사-시간부사'의 순서로 쓴다.

She sometimes walks to school.

He is always late to the meeting.

I read a book to my son in bed every night.

On Monday, we are going to meet together. / We are going to meet together on Monday.

I came home early yesterday.

She takes a walk slowly in the park every morning.

- 그녀는 가끔씩 학교에 걸어간다.
- 나는 침대에서 매일 밤 아들에게 책을 읽어준다.
- 나는 어제 집에 일찍 들어왔다.

- 그는 회의에 항상 늦는다.
- 월요일에 우리는 함께 만나기로 했다.
- 그녀는 매일 아침 공원에서 천천히 산책한다.

4 already와 yet 그리고 still

already는 예상보다 어떤 일이 더 먼저 일어났거나 '이미, 벌써' 일어났을 것이라고 짐작할 때, still은 어떤 일이 계속 되어서 '여전히, 아직' 끝나지 않은 상황일 때, yet은 앞으로 일어날 것이라고 예상되지만 '아직' 일어나지 않은 상황일 때 사용한다.

It's 10 o'clock and he is still in bed.

He started reading the book an hour ago. He is still reading now.

She has already started studying.

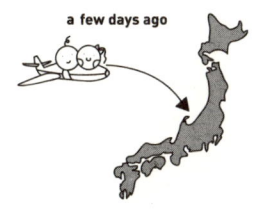

They have already left for Japan a few days ago.

Has mom come yet?

He didn't call me yet.

- 지금은 10시인데 그는 아직도 침대에 있다.
- 그녀는 벌써 공부를 시작했다.
- 엄마가 벌써 왔어?
- 그는 한 시간 전부터 그 책을 읽기 시작했다. 그는 여전히 읽고 있는 중이다.
- 그들은 며칠 전 이미 일본으로 떠났다.
- 그는 아직 나에게 전화하지 않았다.

5 enough와 too 🔊 31-36

enough가 명사를 수식할 때는 명사 앞에 위치하지만 형용사나 부사를 수식할 때는 형용사나 부사 뒤에 위치한다. 의미는 '충분한/충분히' 라는 의미를 가지고 있다. too는 형용사나 부사 앞에서 위치하며 '너무 ~한/~하게' 라는 의미로 다소 부정적인 의미를 포함하고 있다.

I think the bag is big enough for this book.

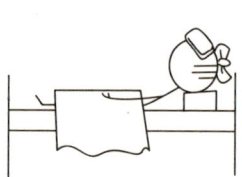

I am too sick to get out of bed.

My son is old enough to go to school now.

I think this is too small.

This sofa is not wide enough for three people.

There are too many people and not enough chairs.

- 나는 그 가방이 이 책이 들어갈 만큼 충분히 크다고 생각한다.
- 내 아들은 이제 학교를 다닐 나이가 되었다.
- 이 소파는 세 명이 앉기에 충분히 넓지 않다.
- 나는 너무 아파서 침대에서 나올 수가 없다.
- 이건 너무 작은 것 같다.
- 사람들이 너무 많이 있는데 의자는 충분하지 않다.

6 so와 such 37-39

so와 such는 의미상 '너무, 매우, 아주'라는 의미를 가진 정도부사이다.
so는 형용사나 부사 앞에 위치하지만 such는 항상 '(형용사)+명사' 앞에서 수식한다.

It's so warm today.

It's such a warm day.

I have been studying for so long.

I have been studying for such a long time.

She was so beautiful that I couldn't take my eyes off her.

She was such a beautiful girl that I couldn't take my eyes off her.

- 오늘 참 따뜻하다.
- 나는 정말 오랫동안 공부를 하고 있다.
- 그녀는 정말 아름다워서 나는 그녀에게서 눈을 떼지 못했다.

- 오늘은 정말 따뜻한 날이다.
- 나는 정말 오랜 시간 동안 공부를 하고 있다.
- 그녀는 정말 아름다운 여자라서 나는 그녀에게서 눈을 떼지 못했다.

ㄱ very와 much 🔊 40-45

very는 형용사나 분사가 가진 의미의 정도를 수식하는 부사이다. 또한 very는 very much와 같이 부사의 의미를 좀 더 강조할 때에도 사용된다. much는 형용사의 비교급 강조에 많이 쓰이는 부사이다.

That's very hot.

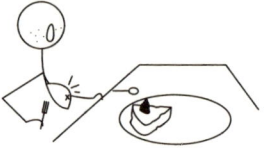

I ate too much cake.

This wine tastes very different compared to others.

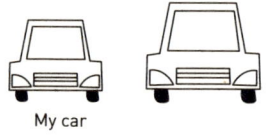

This car is much bigger than my car.

I was very impressed by the movie.

He looks much better than before.

- 저것은 매우 뜨겁다.
- 이 와인은 다른 와인과 비교해서 맛이 굉장히 다르다.
- 나는 그 영화에 정말 감명을 받았다.

- 나는 케이크를 너무 많이 먹었다.
- 이 차는 내 차보다 훨씬 크다.
- 그는 예전보다 훨씬 좋아 보인다.

Chapter 25

비교

흔히 우리는 우리 자신이 남과 비교되는 것을 싫어한다.
하지만 가끔 다른 무언가와 우리 자신을 비교하면서 나를 좀 더 객관적이고
구체적으로 설명할 수 있다. "I am tall. 나는 키가 크다."라고 말하고 싶지만
듣는 상대방 입장에서는 얼마나 큰지 알 수 없다.
이럴 때 우리는 "I am as tall as you."
또는 "I am taller than you." 혹은 "I am the tallest in my class."처럼
비교라는 표현을 이용할 수 있다.

비교의 변화
원급에서는 형용사나 부사의 원형을 그대로 사용하지만, 비교급과 최상급은 발음되는
음절에 따라 2가지 규칙이 있다.

비교급
❶ 1음절이거나 2음절일 때: 형용사+er (-e로 끝나는 형용사는 +r,
   -y로 끝나는 형용사는 -ier)
❷ 3음절 이상일 때: more + 형용사

최상급
❶ 1음절이거나 2음절일 때: the 형용사 + est (-e로 끝나는 형용사는 +st,
   -y로 끝나는 형용사는 -iest)
❷ 3음절 이상일 때: the most + 형용사

예외적인 비교 변화

단어	비교급	최상급
good/well	better	best
bad/badly	worse	worst
many	more	most
much	more	most
little	less	least
far	further/farther	furthest/farthest
often	more often	most often
quiet	quieter	quietest
	more quiet	most quiet
clever	cleverer	cleverest
	more clever	most clever
narrow	narrower	narrowest
	more narrow	most narrow
shallow	shallower	shallowest
	more shallow	most shallow
simple	simpler	simplest
	more simple	most simple

2 as ~ as 🎧 1-6

원급 비교형은 'as 형용사 as'로 쓰며, 그 의미는 '~만큼 ~한'이다.

She is as tall as me.

His hands are as hard as a stone.

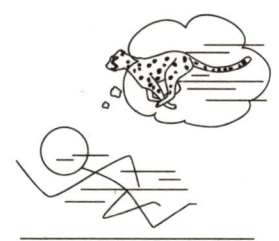

I ran as fast as a cheetah.

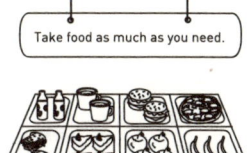

Take food as much as you need.

He has a car as wonderful as mine.

She has three times as many apples as I have.

- 그녀는 나만큼 키가 크다.
- 나는 치타처럼 빨리 뛰었다.
- 그는 내 것만큼 멋진 차를 가지고 있다.

- 그의 손은 돌처럼 단단하다.
- 필요하신 만큼 음식을 가져가세요.
- 그녀는 내가 가진 것의 세 배만큼 되는 사과를 가지고 있다.

3 not as(so) ~ as 🎵 7-12

원급 비교에서 not을 사용하여 '~만큼 ~아니다'라고 표현할 수 있다.

She isn't as old as she looks.

They aren't so fast as me.

I couldn't eat as many hamburgers as Tom.

It's not as cold as yesterday.

She isn't as busy as an hour ago.

He isn't as handsome as when he was young.

- 그녀는 보이는 것만큼 나이가 많지 않다.
- 나는 톰이 먹은 햄버거만큼 많이 먹지 못했다.
- 그녀는 한 시간 전처럼 바쁘지 않다.
- 그들은 나만큼 빠르지 않다.
- 어제만큼 춥지 않다.
- 그는 젊었을 때만큼 잘 생기지 않았다.

4 more / -er, ~than 🎧 13-18

비교급은 비교하는 대상이 둘 일 경우 than(~보다)를 사용하여 상대적으로 비교 표현을 할 수 있다. than 다음에는 명사 또는 목적격 대명사를 쓰며, '주어+동사'를 써도 무방하다.

You are taller than me.

This book is more interesting than yours.

He is richer than Bill.

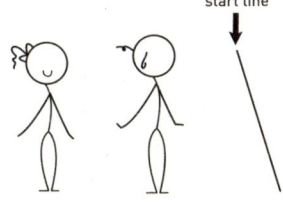

She jumped farther than I did.

She sings loudly more than I do.

I earned more money than I expected.

- 너는 나보다 키가 크다.
- 그는 빌보다 돈이 많다.
- 그녀는 나보다 더 시끄럽게 노래를 부른다.
- 이 책은 네 것보다 더 재미있다.
- 그녀는 나보다 더 멀리 뛰었다.
- 나는 기대했던 것보다 더 많은 돈을 벌었다.

5 the most~ of all / the most~ in 🎵 19-24

최상급 표현은 '가장 ~한'이라는 의미이므로 단 하나의 특별함을 가진다. 그래서 정관사 the를 붙여 사용하며 뒤에는 'of ~' 또는 'in ~'을 써서 어떤 것 중에서, 또는 어디에서 가장 뛰어난 것인지를 표현한다.

What is the highest building in Seoul?

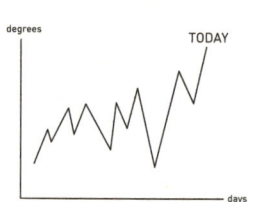

Today is the hottest day of the year.

I have the longest hair in the class.

The movie was the worst movie in the world.

He is the most famous person in Korea.

My diary is the most precious thing in my life.

- 서울에서 가장 높은 빌딩은 뭐예요?
- 나는 반에서 가장 긴 머리를 가지고 있다.
- 그는 한국에서 가장 유명한 사람이다.
- 오늘은 올해 중 가장 더운 날이다.
- 그 영화는 세상에서 최악인 영화였다.
- 내 일기장은 내 인생에서 가장 소중한 것이다.

6 비교급 and 비교급

'비교급 and 비교급'은 관용적으로 쓰이는 표현으로 '점점 더 ~한/하게'라는 의미를 가지고 있다.

She is walking faster and faster.

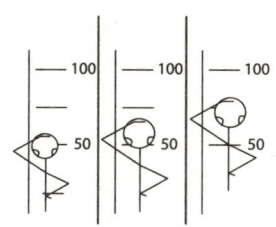

He is getting taller and taller every year.

Sara ate less and less and became weaker and weaker.

My English is getting better and better.

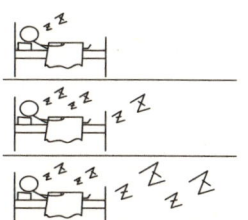

His snoring was getting louder and louder.

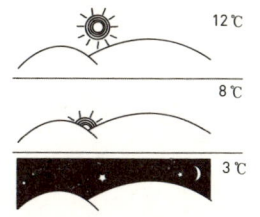

After dark it began to get colder and colder.

- 그녀는 점점 더 빨리 걸어가고 있다.
- 사라는 점점 더 적게 먹더니 점점 더 허약해 졌다.
- 그는 점점 더 크게 코를 골고 있었다.
- 그는 매년 점점 더 키가 큰다.
- 나의 영어 실력이 점점 더 좋아지고 있다.
- 어두워진 다음 점점 더 추워졌다.

ㄲ the 비교급~, the 비교급

'the 비교급~, the 비교급' 문장은 '~하면 할수록, 더욱 ~하다' 라는 의미로 쓰이는 표현이다.

The warmer the water is, the better I feel.

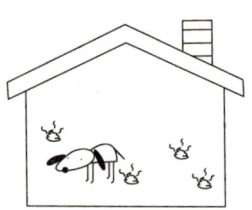

The faster my dog grows, the harder it is to keep him in my house.

The more he marks the answer, the bigger his smile becomes.

The more people there are, the earlier we can finish the job.

The more I try to forget him, the more I miss him.

The higher we go up, the colder it becomes.

- 물이 따뜻해질수록, 나는 더 기분이 좋아진다.
- 답을 채점할수록, 그의 미소가 커져 간다.
- 나는 그를 잊으려고 노력할수록, 그가 더욱 보고 싶어진다.
- 내 개가 빨리 자랄수록, 그 개를 집에서 기르기 힘들어진다. • 사람이 많으면 많을수록, 우리가 일을 더 빨리 마칠 수 있다. • 우리가 높이 올라갈수록, 점점 더 추워졌다.

8 비교급 수식 🎵 37-42

비교급으로 쓰인 형용사나 부사 앞에 쓰여서 비교급의 의미를 수식하는 부사들이 있다. 'much/a lot/far+비교급: 훨씬 더 ~한, a bit/a little/slightly: 조금/약간 더 ~한' any나 no를 비교급 앞에 사용하여 '더 ~하지 않는'이라는 의미로 비교급을 부정할 수도 있다.

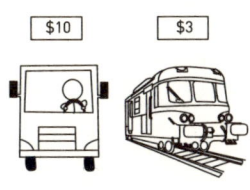

It's much cheaper to go by train than by bus.

He bought a much more expensive car than his old one.

I spend a lot more time swimming than Bob.

He is a bit taller than me.

My dog is no bigger than your dog.

I don't play computer games any more.

- 버스보다 기차로 가는 것이 훨씬 싸다.
- 나는 밥보다 수영하는데 훨씬 더 많은 시간을 보냈다.
- 나의 개는 너의 개보다 더 크지 않다.
- 그는 예전 그의 차보다 훨씬 더 비싼 자동차를 샀다.
- 그는 나보다 조금 더 크다.
- 나는 더 이상 컴퓨터 게임을 하지 않는다.

Unit 11 전치사

전치사는 명사나 대명사 앞에 놓여 전치사+(대)명사구를 만들어요.
전치사라는 말 그대로 앞에 위치하는 말이에요.
전치사는 (1) 형용사처럼 명사를 꾸며줍니다.
하지만 보통의 형용사와 달리 구를 이루어서 명사를 뒤에서 꾸미기 때문에
(2) 부사처럼 동사, 형용사, 부사를 꾸며줍니다.
언뜻 보면 간단해 보이지만, 문장에 구체적인 의미를 표현하는 데
아주 중요한 역할을 하지요.

Chapter 26
전치사

전치사는 문법적인 어순으로는 명사나 동명사 앞에 쓰이는 단어이며,
의미상으로는 장소, 위치, 상황, 관계 등 많은 뜻을 내포하고 있다.
이처럼 전치사의 활용도는 매우 광범위해서
문장의 의미를 구체적으로 표현하는 데 중요한 역할을 한다.

in
비교적 넓은 장소의 '~안에'

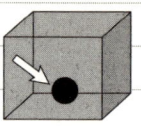
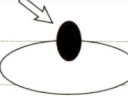

on
대상의 접촉면의 '~위에'

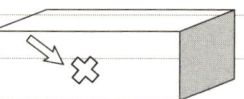

at
비교적 좁은 장소의 '~안에'

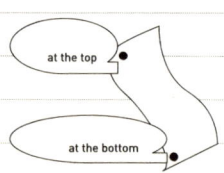

1 장소를 나타내는 전치사: in, on, at 🔊 1-6

There's something in a box.

I'm standing in a garden.

There's a mirror on the wall.

There's a fly on my nose.

I met him at the station.

I am waiting for a bus at the bus stop.

- 박스 안에 뭔가가 있다.
- 벽에 거울이 있다.
- 나는 역에서 그를 만났다.
- 나는 정원에 서 있다.
- 내 코 위에 파리 한 마리가 있다.
- 나는 버스 정류장에서 버스를 기다리고 있다.

1-1 장소를 나타내는 다른 전치사 🎧 7-12

over: (바로 위쪽으로 분리된 위치) ~위에/~위를 덮어
above: ~보다 위에, ~보다 높은, under: 아래에, outside: ~바깥에
by, beside: ~옆에/~곁에, between: ~사이에, behind: ~뒤에

There is a bridge over the river.

Her skirt rides up above her knees.

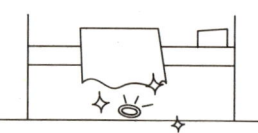

I found my ring under the bed.

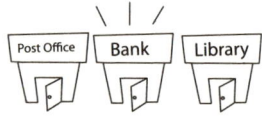

The bank is between the post office and the library.

He's standing outside the door.

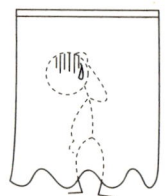

He sneaked behind the curtain.

- 강 위에는 다리가 있다.
- 나는 침대 밑에서 반지를 찾았다.
- 그는 문 밖에 서 있다.
- 그녀의 치마가 무릎 위까지 올라가 있다.
- 은행은 우체국과 도서관 사이에 있다.
- 그는 커튼 뒤에 숨었다.

2 시간을 나타내는 전치사: in, on, at 🎧 13-18

at: 시각을 표현할 때, on: 날짜/요일/특정한 날, in: 주/월/계절/년/세기 등
in time: 시간 안에/시간에 맞춰서/머지않아, on time: 정각에/제시간에

I said that you should come home at six. You came on time.

School begins at nine and ends at five.

We went to the zoo on Sunday.

My father gave me a new bike on my birthday.

I was born in 1990.

He will graduate from the university in February.

- 나는 너에게 6시에 집으로 오라고 했어. 제시간에 왔구나.
- 우리는 일요일에 동물원에 갔다.
- 나는 1990년도에 태어났다.
- 학교는 9시에 시작하여 5시에 끝난다.
- 나의 아버지께서 내 생일에 새 자전거를 주셨다.
- 그는 2월에 대학을 졸업할 것이다.

2-ㅣ 시간을 나타내는 다른 전치사 🎵 19-24

before: ~전에, after: ~후에, till, until: ~까지(계속적 의미),
by: ~까지(완료 의미), during(+명사): ~동안, for(+숫자): ~동안,
about, around: 약~, ~쯤/거의

I washed my hands before dinner.

I brushed my teeth after dinner.

I should stay here until nine.

**I had to finish the job by nine.
I finished it at eight.**

He kept sleeping during the lesson.

We have been singing for about two hours.

- 나는 저녁 식사 전에 손을 씻었다.
- 나는 9시까지 여기에 있어야 한다.
- 그는 수업 시간 동안 내내 잤다.

- 나는 저녁 식사 후에 이를 닦았다.
- 나는 그 일을 9시까지 끝내야 했다.
  나는 그것을 8시에 끝냈다.
- 우리는 거의 2시간 동안 노래를 부르고 있다.

3 관용적인 표현: 전치사+명사 🎵 25-30

in a line/row: 줄을 선/일렬로, in person: 직접적으로, in my opinion: 내 생각에는, on sale: 판매 중, by check/credit card(지불수단): 수표/신용카드로, on TV: 텔레비전에, on the radio/phone/internet: 라디오/전화/인터넷에서, in the future/past: 미래/과거에는

We should get in a line at the bus stop.

Please visit the office and turn in the resume in person.

People used to use a typewriter for documents in the past.

I saw a used bicycle on sale in the flea market.

The weather forecast said on TV that it will be raining tomorrow.

Can I pay for this by credit card?

- 우리는 버스 정류장에서 줄을 서야 한다.
- 사람들은 과거에 문서를 작성하려고 타자기를 사용했었다.
- TV 기상 예보에서 내일 비가 올 것이라고 했다.
- 사무실을 방문하셔서 직접 이력서를 제출해 주세요.
- 벼룩시장에서 중고 자전거를 팔고 있는 것을 보았다.
- 신용 카드로 결제해도 되나요?

3-1 관용적인 표현: 동사 + 전치사 🎵 31-36

전치사가 가진 의미에 따라 동사의 의미를 정확하게 표현해 준다.
depend on/rely on: 의존하다. give an account of: ~을 설명하다.
concentrate on/focus on: ~에 집중하다.
agree to/with: ~에 동의하다. deal with: ~을 다루다, 취급하다.
apologize for: ~에 대해 사과하다.

I fully depend on my wife.

We agree to your plan.

He is giving an account of the accident to the police officer.

He deals with accountancy in the company.

He's trying to concentrate on listening to the teacher.

I want to apologize for being rude.

- 나는 내 아내에게 완전히 의지한다.
- 그는 그 사고에 대해 경찰관에게 설명하고 있다.
- 그는 선생님의 말씀에 집중하려고 노력하고 있다.

- 우리는 너의 계획에 동의한다.
- 그는 회사에서 회계를 담당한다.
- 내가 버릇없이 군 것에 대해서 사과하고 싶어요.

3-2 관용적인 표현: 동사+목적어+전치사 🔊 37-42

remind+목적어+of/about: ~에게 ~을 기억나게 하다.
prevent/protect+목적어+from: ~을 ~으로부터 막다./보호하다.
divide/split+목적어+into: ~을 ~로 나누다.
compare A with/to B: A와 B를 비교하다.
ask+목적어+for: ~에게 ~을 부탁하다./요청하다.
spend 시간/돈 on~: ~하는데 시간/돈을 소비하다.

The picture reminds me of him.

She asked me for a date.

I prevented the baby from touching the stove.

To compare me to him, I'm better at singing than him.

I divided the apple into two.

I spend more time (on) getting regular exercise lately.

- 그 사진이 나에게 그를 기억나게 하였다.
- 나는 아기가 난로를 만지지 못하도록 막았다.
- 나는 사과를 둘로 나눴다.

- 그녀가 나에게 데이트를 신청했다. • 그와 나를 비교하자면, 나는 그보다 노래를 더 잘 부른다. • 나는 최근에 규칙적으로 운동하는 데 더 많은 시간을 보낸다.

3-3 관용적인 표현: 명사+전치사 🎧 43-48

damage to: ~에 대한 피해, discussion about: ~에 대한 논의
result of: ~의 결과, reason for: ~에 대한 이유
cause of: ~의 원인, problem with: ~에 대한 문제

The accident caused some damage to my car.

Tell me the reason for your lateness.

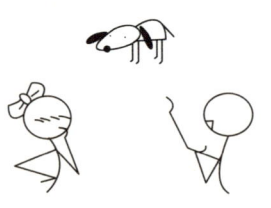

We couldn't have much discussion about keeping a pet.

It turned out that the cause of the fire was a candle.

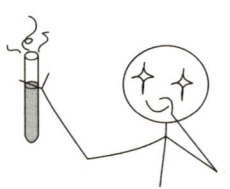

The result of the experiment was successful.

I called the repair man to solve a problem with my computer.

- 그 사고 때문에 내 차가 조금 망가졌다.
- 우리는 애완동물을 기르는 것에 대한 충분한 논의를 하지 못했다.
- 그 실험의 결과는 성공적이었다.
- 네가 늦은 이유를 내게 말해 봐.
- 그 화재의 원인은 촛불 때문인 것으로 밝혀졌다.
- 나는 내 컴퓨터의 문제를 해결하려고 수리공을 불렀다.

3-4 관용적인 표현: 형용사+전치사 🎧 49-54

aware of: ~을 깨닫다. familiar with: ~에 익숙하다, 잘 알다.
identical to: ~와 똑같다. close to: ~에 가깝다.
similar to: ~와 비슷하다. suitable for: ~에 적합하다, 알맞다.

Are you aware of the risk of smoking?

The church is close to my house.

He is familiar with repairing home appliances.

My dress is similar to her dress.

His fingers are identical to his father's.

What dress will be suitable for the party?

- 당신은 흡연의 위험성에 대해 알고 있나요?
- 그는 가전제품을 고치는 것에 익숙하다.
- 그의 손가락은 그의 아버지와 똑같다.
- 그 교회는 우리 집과 가깝다.
- 내 드레스는 그녀의 드레스와 비슷하다.
- 그 파티에는 어떤 드레스가 어울릴까요?

3-5 · 관용적인 표현: 구전치사 🎵 55-60

구전치사란 여러 단어가 합쳐져서 하나의 전치사 역할을 하는 것을 말한다.
in advance of: ~에 앞서, 미리, by means of: ~에 의해, ~을 수단으로
on account of: ~때문에, in favor of: ~에 찬성하여
in terms of: ~의 측면에서, on/in behalf of: ~을 대신해서

He was checking his documents in advance of the meeting.

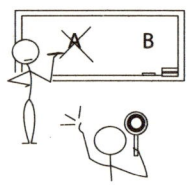

He raised his hand to express his opinion in favor of the plan.

We crossed the stream by means of a log.

This book gives nothing in terms of learning literature.

The picnic was put off on account of the rain.

Because Tom was sick, his mother took an award on behalf of Tom.

• 그는 회의에 앞서 그의 서류를 점검하고 있었다. • 우리는 통나무를 이용하여 그 개울을 건넜다. • 비가 와서 소풍이 연기되었다.

• 그는 그 계획에 찬성하는 의견의 표현으로 손을 들었다. • 이 책은 문학의 배움에 있어 아무런 도움이 되지 않는다. • 톰이 아팠기 때문에 그의 어머니가 톰을 대신해서 상을 받았다.

3-6 관용적인 표현: 동사+(부사)+전치사 _ 구동사 🎵 61-66

목적어가 대명사이면 전치사 앞에, 대명사가 아니면 전치사 앞뒤 어디에나 쓸 수 있다.
look out: 조심하다. run away from: ~로부터 도망치다.
cut down: 줄이다, 삭감하다. take off: 이륙하다, 벗다.
keep up with: ~을 따라잡다. fill in: ~안을 채우다.

Look out! There's a big hole in front of you.

Every time the plane takes off, I get so nervous.

She was so surprised at the ghost that she ran away from it fast.

You're walking too fast. I can't keep up with you.

He decided to cut down on smoking.

Please fill in the form.

- 조심해! 네 앞에 커다란 구멍이 있어.
- 그녀는 유령을 보고 너무 놀라서 황급히 도망쳤다.
- 그는 담배를 줄이기로 결심했다.
- 비행기가 이륙할 때마다 나는 매우 불안해진다.
- 너 너무 빨리 걷고 있어, 널 따라 잡을 수가 없어.
- 이 서류를 작성해 주세요.

Unit 12 명사절과 형용사절

명사절과 형용사절은 문장 구조를 익히기가 아주 까다로워요.
주절에 종속절을 끼워 넣는 형태이기 때문이죠.
명사절은 주어, 목적어, 보어 자리에 끼워 넣고,
형용사절은 주어나 목적어, 즉 명사 뒤에 끼워 넣어요.

다시 말해, 주어, 목적어, 보어 자리에 앉아 있는
2개 이상의 단어 모임(주어+동사 포함)이 바로 명사절이에요.
또한 명사를 수식해주는 형용사 자리에 2개의 이상의 단어가 모여서
(주어+동사 포함) 앞의 명사를 수식해주면 바로 형용사절이에요.

다른 사람이 말한 것을 인용하여 전달하고자 할 때 명사절을 이용하는
화법도 함께 공부해 보세요.

Chapter 27

명사절

명사절은 주어와 동사로 구성된 절이 명사 역할을 하는 것을 말한다.
명사절에는 크게 3가지 종류가 있다.

1. **that절**은 긍정문과 부정문을 포함한 평서문이 명사절로 바뀐 것이다.
that이 이끄는 '주어+동사+…' 문장이 명사로 쓰여 보어,
목적어 역할을 한다.

2. **wh절**은 wh questions가

3. **whether/if절**은 yes/no questions가 명사절로 바뀐 것이다.

wh절은 의문사가 '주어+동사+…'의 문장을 이끄는데, 주의할 점은
의문사가 있지만 의문문이 아닌 명사절로 쓰여서 '동사+주어'가 아니라
'주어+동사'의 어순으로 써야 한다는 것이다.
whether/if절은 그 의미가 '~인지 아닌지'라서
긍정과 부정을 선택하는 절을 만들 수 있다.
그래서 yes/no questions가 명사절로 바뀔 때 whether나 if가 쓰이는 것이다.
이 또한 '주어+동사'의 어순으로 쓰인다.

I that절

that절은 긍정문과 부정문을 포함한 평서문이 명사절로 바뀐 것이다.

He is a liar.
/ We know that he is a liar.

Karl disappeared.
/ I can't believe that Karl disappeared.

She said such a thing.
/ I don't believe that she said such a thing.

4.5 billion years ago

The Earth formed at least 4.5 billion years ago.
/ Most scientists believe that the Earth formed at least 4.5 billion years ago.

You exercise regularly.
/ It is important that you exercise regularly.

He is honest.
/ I am sure that he is honest.

- 그는 거짓말쟁이다. / 우리는 그가 거짓말쟁이라는 걸 안다. • 그녀가 그런 말을 했다. / 나는 그녀가 그런 말을 했다는 것을 못 믿겠다. • 너는 규칙적으로 운동한다. / 네가 규칙적으로 운동하는 것이 중요하다.

- 칼이 사라졌다. / 나는 칼이 사라졌다는 것을 믿을 수 없다. • 지구는 적어도 45억년 전에 형성됐다. / 대부분의 과학자들은 지구가 45억년 전에 형성됐다고 믿는다. • 그는 정직하다. / 나는 그가 정직하다고 확신한다.

2 whether/if절 7-12

yes/no questions를 명사절로 바꾸면 연결어/접속사 whether/if가 필요하다. 의문문에서는 주어와 동사가 도치되지만, 명사절에서는 주어+동사 순으로 어순이 바뀐다.

Can he finish his work on time?
/ I am not sure whether he can finish his work on time.

Can she play the piano?
/ Do you know if she can play the piano?

Is she interested in me?
/ I don't know whether she is interested in me or not.

Was his report 100% correct?
/ We weren't sure if his report was 100% correct.

Will he invite us?
/ Whether he will invite us or not doesn't matter at all.

Is he going to take it?
/ I am wondering if he is going to take it.

• 그가 제때에 그의 일을 끝마칠 수 있을까요? / 나는 그가 제때에 그의 일을 끝마칠 수 있을지 모르겠어요. • 그녀가 나에게 관심이 있을까요? / 나는 그녀가 나에게 관심이 있는지 모르겠어요. • 그가 우리를 초대해 줄까요? / 그가 우리를 초대하든 안 하든 그게 문제가 아니죠.

• 그녀가 피아노를 칠 줄 아나요? / 당신은 그녀가 피아노를 칠 수 있는지 알아요? • 그의 보고서가 100% 정확한가요? / 우리는 그의 보고서가 100% 정확한지 자신 없어요. • 그가 그걸 받아들일까요? / 나는 그가 그걸 받아들일지 궁금해요.

3 wh절 _ who, what, when, where, how, why 등 의문사

wh questions가 명사절로 바뀔 때는 의문사가 연결어(접속사) 역할을 동시에 수행한다. 어순은 더 이상 의문문이 아니기 때문에 접속사+주어+동사의 어순을 따르고 뒤의 물음표도 없어진다.

🎧 13-18

Who are those people?
/ I wonder who those people are.

What happened?
/ Please tell me what happened.

When did you arrive here?
/ Please tell me when you arrived here.

Where were you last night?
/ Tell me where you were last night.

How can I use this machine?
/ I want to know how I can use this machine.

Why was Jane crying?
/ Nobody knows why Jane was crying.

• 저 사람들은 누구예요? / 나는 저 사람들이 누군지 궁금해요. • 당신은 언제 이곳에 도착했나요? / 당신이 언제 이곳에 도착했는지 말해 줘요. • 어떻게 이 기계를 사용할 수 있지? / 나는 어떻게 이 기계를 사용하는지 알고 싶다.

• 무슨 일이야? / 무슨 일인지 말해 보렴.
• 당신은 어젯밤 어디 있었나요? / 당신이 어젯밤 어디 있었는지 말해 줘요. • 제인이 왜 울고 있었나요? / 제인이 왜 울고 있었는지 아무도 몰라요.

Chapter 28

화법

화법이란 대화에서 이루어진 말을 제 3자에게 전달하거나
객관적인 서술을 할 때 필요하다.
화법에는 직접화법과 간접화법 두 가지가 있다.

직접 화법이란, 쉼표(,)와 따옴표(" ")를 이용하여 상대방이 한 말을
그대로 인용하는 방법이다.
간접 화법은 that절을 이용하여 상대방이 했던 말을
간접적으로 인용하는 방법이다.

직접화법은 상대방의 말을 그대로 인용하기 때문에 시제, 대명사 표현 등에서
변형되는 것 없이 그대로 옮길 수 있지만, 간접화법은 상대방이 말하는 시점과
그것을 전달하는 시점이 서로 차이가 있기 때문에 상대방이 했던 말에서
시제, 대명사 표현 등과 같은 조건을 알맞게 변형시켜야 한다.

톰: "사라야 사랑해." 라는 표현을 직접화법으로는 다음과 같다.

Tom said, "I love Sara."

간접화법은 다음과 같이 표현된다.

Tom said that he loved Sara.

I 평서문

평서문의 간접화법은 that절을 목적어로 하는 문장의 형식을 취한다.
이때 동사는 say, tell을 이용한다.

 I said, "I want to be a doctor." / I said that I wanted to be a doctor.	 He said, "I'm feeling ill." / He said that he was feeling ill.
 She said, "I'm a stewardess." / She said that she was a stewardess.	 They said, "We finished the work." / They said that they finished the work.
 Tom said, "I love Sara." / Tom said that he loved Sara.	 She said, "I don't want to go to school." / She said that she didn't want to go to school.

- 나는 의사가 되고 싶다고 말했다.
- 그녀는 그녀가 스튜어디스라고 말했다.
- 톰은 그가 사라를 사랑한다고 말했다.

- 그는 몸이 좋지 않은 것 같다고 말했다.
- 그들은 그들이 그 일을 마쳤다고 말했다.
- 그녀는 학교에 가고 싶지 않다고 말했다.

2 사람, 장소, 시간의 변화 (1)

직접화법에서는 했던 말을 그대로 인용하는 것이라
별다른 변형을 취하지 않지만 간접화법에서는 화자가 말한 내용이 가리키는
사람, 장소, 시간 등을 간접화법으로 전달하는 시점에서 알맞게 변화시켜야
한다. 특히 시간부사나 장소부사를 간접화법에서 사용할 때는 알맞게 변형된
형태를 사용해야 한다.
하지만 미래 시제를 표현하는 시간부사의 경우에는 경우에 따라
간접화법에서 변형시키지 않을 때도 있는데,
그것은 언급한 미래의 시간이 아직 도래하지 않았거나
그 언급한 미래 시제에 일어날 일이 아직 일어나지 않았음을 의미한다.

yesterday	➡	the day before / the previous day
tomorrow	➡	the next day / the following day
last week	➡	the previous week
today	➡	that day
next month	➡	the next month
now	➡	then
here	➡	there
this	➡	that

2-1 사람, 장소, 시간의 변화(2) 🔊 7-9

I told them, "I really want to work here from tomorrow."
/ I told them that I really wanted to work there from the next day.

She told me, "My parents are going to Paris next week."
/ She told me that her parents were going to Paris the next week.

They said to him, "You are not supposed to touch these sculptures here."
/ They said to him that he was not supposed to touch those sculptures there.

• 나는 그들에게 내일부터 그곳에서 일하기를 정말로 원한다고 말했다. • 그녀는 나에게 그녀의 부모님이 그 다음 주에 파리로 떠날 것이라고 말했다. • 그들은 그에게 그곳의 조각들을 만져서는 안 된다고 말했다.

2-2 사람, 장소, 시간의 변화(3) 🎵 10-12

He told me,
"I want to give you this ring."
/ He told me that he wanted to give me that ring.

My mom said to me,
"You have to hurry up now not to be late for school."
/ My mom said to me that I had to hurry up then not to be late for school.

She said to me,
"I want to visit here again next year."
/ She said to me that she wants to visit there again next year.

- 그는 나에게 그 반지를 주고 싶다고 말했다.
- 엄마는 나에게 학교에 늦지 않으려면 서둘러야 한다고 그때 말했다.
- 그녀는 나에게 내년에 다시 그곳에 방문하고 싶다고 말했다.

3 시제 일치

상대방이 했던 말을 제 3자에게 전달하는 시점에는 상대방이 나에게 말한 것이 과거가 된다. 그래서 간접화법을 사용할 때에는 상대방이 말했던 내용이 현재 시제일지라도 과거 시제로 고쳐서 전달한다. 만약 상대방이 말했던 내용이 과거 시제나 현재완료라면 간접화법에서는 그대로 과거 시제를 사용하거나 과거완료 시제를 사용한다.

Tom said to Sara, "I love you." / Tom told Sara that he loved her.

I said, "I will do the dishes." / I said that I would do the dishes.

He said, "I'm doing my homework." / He said that he was doing his homework.

We said, "We are going to visit the museum." / We said that we were going to visit the museum.

They told me, "You did a good job." / They told me that I had done(did) a good job.

She said, "I have worked here for six years." / She said that she had worked there for six years.

- 톰은 사라에게 그녀를 사랑한다고 말했다.
- 그는 그의 숙제를 하고 있다고 말했다.
- 그들은 나에게 잘했다고 말했다.
- 나는 내가 설거지를 할 것이라고 말했다.
- 우리는 그 박물관을 방문할 것이라고 말했다.
- 그녀는 거기서 6년 동안 일했다고 말했다.

4 의문문 19-24

의문문으로 표현된 문장을 제 3자에게 전달할 때에는 ask, wonder와 같은 동사를 이용하여 표현한다. 의문사가 없는 네/아니오 의문문은 if나 whether를 사용하여 '~인지 아닌지'를 확인하는 문장으로, 의문사가 있는 wh 의문문은 간접의문문의 형태로 '의문사+주어+동사'의 형태로 표현한다.

He asked me, "Do you work here?" / He asked me if I worked there.

He asked me, "What are you doing?" / He wondered what I was doing.

She asked me, "Will you attend the seminar?" / She asked me whether I would attend the seminar.

She asked me, "Where is your house?" / She asked me where my house was.

He asked me, "Have you ever been to London?" / He asked me if I had ever been to London.

My mom asked me, "Why did you come home early?" / My mom asked me why I had come home early.

- 그는 내가 거기에서 일하냐고 물어보았다.
- 그녀는 내가 그 세미나에 참석할 것인지를 물어보았다. • 그는 내가 런던에 가 본 적이 있었는지를 물어보았다.
- 그는 내가 무엇을 하고 있었는지 궁금해 했다.
- 그녀는 나에게 나의 집이 어디인지 물어보았다.
- 엄마가 내가 왜 집에 일찍 왔는지 물어보았다.

5 명령문: 요청, 제안 등 포함 🎵 25-30

명령이나 요청, 제안 등을 표현하는 명령문을 간접화법에서는 order, tell, say, ask와 같은 동사와 to부정사를 이용하여 표현한다. '~하지 말 것'을 의미하는 부정 명령문은 to부정사의 부정형인 'not to+동사원형'을 사용한다.

He told me, "Please close the widow." / He asked me to close the window.

Mom told me, "Be careful when you cross the street." / Mom told me to be careful when I cross the street.

The teacher said to me, "Read the sentence more loudly." / The teacher said to me to read the sentence more loudly.

My brother told me, "Don't touch my guitar." / My brother told me not to touch his guitar.

He told me, "Don't be afraid." / He told me not to be afraid.

She told me, "Don't laugh at me." / She told me not to laugh at her.

- 그는 나에게 창문을 닫아 달라고 부탁했다.
- 선생님이 나에게 그 문장을 더욱 큰 소리로 읽으라고 말했다.
- 그가 나에게 겁먹지 말라고 말했다.
- 엄마가 나에게 길을 건널 때 조심하라고 말했다.
- 나의 형이 나에게 그의 기타를 만지지 말라고 말했다.
- 그녀는 나에게 그녀를 비웃지 말라고 말했다.

Chapter 29
형용사절

형용사절은 관계대명사가 이끄는 절이다.

종속절의 대명사가 의문사로 바뀌면서 주절과 연결하는 구조이다.

종속절의 대명사는 주절의 명사를 가리키는데, 이를 선행사라고 한다.

문법에서 대명사가 하는 역할을 거의 그대로 지니고 있기 때문에

형용사절은 다음과 같은 특징을 보인다.

1. 선행사가 사람인가 사람이 아닌가에 따라 who, which를 구별한다.

2. 대명사에 격이 있는 것처럼 관계대명사도 주격, 목적격, 소유격이 있다.

3. 대명사가 전치사의 목적어일 때는 '전치사+관계대명사'의 형태가 될 수 있다.

4. 대명사가 앞 문장 전체를 지칭하는 경우에 which로 받는다.

5. 장소, 시간, 방법, 이유 등을 나타내는 부사의 경우에는 관계부사가 될 수 있다.

관계대명사가 이끄는 형용사절은 선행사 바로 뒤에 위치하며,

그 선행사를 수식, 묘사, 설명한다.

1 주격: who, which, that 🎧 1-5

주격 관계대명사에서 선행사(수식 받는 명사)가 사람일 때는 who/that을 쓰고, 사물이나 추상적 개념일 때는 which/that을 쓴다.

I like the manager.
He checks my report carefully.
나는 그 책임자가 좋다. 그는 내 보고서를 꼼꼼하게 점검한다.

⬇

I like the manager who(that) checks my report carefully.
나는 내 보고서를 꼼꼼하게 점검해 주는 책임자가 좋다.

The officer who(that) helped you with your car is my brother.

I live in a house which(that) has a beautiful balcony.

That's the student who(that) borrowed my books.

We went to a park which(that) is located on the coast.

- 차 문제로 너를 도와 주었던 경찰이 우리 형이야.
- 저 아이가 내 책을 빌려간 학생이야.
- 나는 아름다운 난간이 있는 집에 산다.
- 우리는 해안가에 위치한 공원에 갔어요.

2 목적격: whom, which, that 🎧 6-10

목적격 관계대명사에서 선행사(수식 받는 명사)가 사람일 때는 whom/that을 쓰고, 사물이나 추상적 개념일 때는 which/that을 쓴다. 목적격 관계대명사는 생략할 수 있다.

We are visiting a woman. We met her on vacation last year.
우리는 한 여자를 방문할 것이다.
우리는 그녀를 작년 휴가 때 만났다.

We are visiting a woman whom(that) we met on vacation last year.
우리는 작년 휴가 때 만났던 여자를 방문할 것이다.

The doctor whom(that) I see is tall and nice.

She will open the store which(that) sells clothes.

The person whom(that) I respect the most is Lincoln.

The assignments which(that) the professor gave are due next Friday.

- 내가 진료받는 의사는 키가 크고 친절하다.
- 내가 가장 존경하는 사람은 링컨이다.

- 그녀는 옷 가게를 열 것이다.
- 교수님이 내준 과제는 다음 주 금요일까지 제출해야 한다.

3 소유격 : whose 11-15

소유격 관계대명사는 선행사가 사람이든 아니든 whose를 쓴다. 선행사가 사물이나 추상적 개념일 때 its, their가 관계대명사로 바뀐 것이다.

I met a woman. The woman's sister works for a law firm.
나는 한 여자를 만났다.
그 여자의 여동생은 법률 회사에서 일한다.

I met a woman whose sister works for a law firm.
나는 법률 회사에서 일하는 여동생을 둔 여자를 만났다.

He is a skater whose goal is to win gold medals in Winter Olympics.

Around the corner, there is a building whose windows were all broken.

The man whose car has been stolen will report it to the police.

I'm looking for a dog whose leg was broken in the accident.

- 그는 동계 올림픽에서 금메달 따는 것을 목표로 삼고 있는 스케이트 선수이다.
- 차를 도난 당한 남자는 그 일을 경찰에 신고할 것이다.

- 창문이 모두 부서진 건물은 모퉁이에 있다.
- 나는 그 사고에서 다리가 부러진 개를 찾고 있다.

ㄴ 전치사+관계대명사 🎧 16-21

전치사의 목적어가 관계대명사로 쓰일 때는 당연히 목적격 관계대명사인데, 문장을 구성할 때 2가지 방법이 있다. (1)전치사는 남기고 목적격 관계대명사만 앞으로 온다. (2)전치사와 목적격 관계대명사가 함께 앞으로 온다.

That is the man whom(that) I have been looking for.

Is this the article in which you are interested?

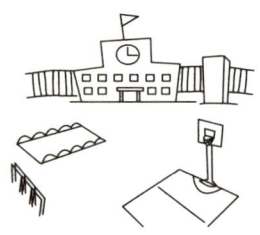

The school which(that) I go to **has a large playground.**

This is the computer on which we finally decided.

The bus which(that) I'm waiting for **is late.**

The store from which I got the cell phone **also sells MP3s.**

- 저 사람이 내가 찾던 남자야.
- 내가 다니는 학교는 운동장이 넓다.
- 내가 기다리는 버스가 늦는다.

- 이 기사가 당신이 흥미로워 하는 기사예요?
- 이 컴퓨터가 우리가 최종으로 결정한 것이다.
- 휴대폰을 구입했던 상점에서 MP3도 판다.

5 what: 선행사를 포함한 관계대명사 🎧 22-27

what는 선행사가 포함된 관계대명사이다. 선행사를 포함하고 있으므로 명사 뒤에는 올 수 없으며 항상 명사절을 구성한다. what이 이끄는 절의 구성은 관계대명사가 이끄는 형용사절과 동일하다.

What you say is not interesting.

She brought **what she found on the road** to the police.

This is **what I want to buy**.

I asked him **what he wanted to know**.

I can't understand **what you're talking about**.

We are surprised at **what you discovered in the experiment**.

- 네가 말하는 것은 재미가 없다.
- 이것이 내가 사고 싶은 것이다.
- 난 네가 말하는 것을 이해할 수가 없다.
- 그녀는 길에서 주운 것을 경찰에 가져갔다.
- 나는 그가 무엇을 알고 싶은지 물었다.
- 우리는 네가 실험에서 발견한 것을 보고 놀랐다.

6 제한적 용법과 계속적 용법 🔊 28-33

지금까지 살펴본 관계대명사는 제한적 용법이다. 선행사가 어떤 사람인지, 어떤 사물이나 장소 또는 개념인지를 상대방이 알 수 있게 설명하는 용법이다. 하지만 어떤 명사를 지칭하는지 상대방이 이미 알고 있는 경우에는 쉼표를 찍고 설명을 덧붙이는 계속적 용법을 쓴다.

Jane, who enjoys nature, goes hiking every weekend.

Seoul, which is one of the largest cities in the world, has a lot of attractions.

We visited Jane, who is always happy to see us.

We went to Lake Sanko, which is located in the nearby mountain.

Sara, whom I met at the party, was wearing a diamond necklace.

Harry Potter, which I have been reading, is very interesting.

- 자연을 즐기는 제인은 매주 하이킹한다.
- 우리는 제인을 방문했는데, 그녀는 늘 우리를 반겨준다.
- 내가 파티에서 만난 사라는 다이아몬드 목걸이를 하고 있었다.

- 서울은 세계에서 가장 큰 도시 가운데 하나인데, 볼만한 곳이 많다.
- 우리는 근처 산 속에 있는 산코 호수에 갔다.
- 지금 내가 읽고 있는 해리 포터는 매우 재미있다.

7 which: 앞 문장 전체가 선행사 🔊 34-39

앞 문장 전체를 선행사로 받을 때는 which를 쓴다. 이때 which의 선행사가 바로 앞에 있는 명사인지, 아니면 앞 문장 전체인지는 문맥의 내용에 따라 결정된다. which가 앞 문장 전체를 가리킬 때는 항상 쉼표 뒤에 온다.

The sun shines all day, which is good for the garden flowers.

Mary had to work late again, which annoyed Jason.

Henry helped me do the dishes, which was very nice of him.

The team has lost all its games, which we can't believe.

I earn more money now, which means I can move into a larger house.

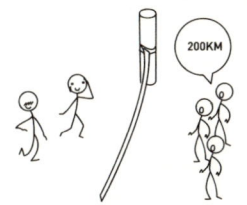

They walked 200 km across the country, which is surprising to us.

• 햇빛이 하루 종일 내리 쬐었는데, 정원의 꽃에는 좋은 일이다. • 헨리가 내가 설거지 하는 것을 도와주었는데, 참 친절한 사람이다. • 내가 지금 돈을 더 많이 버는데, 이것은 내가 더 큰 집으로 이사할 수 있다는 것을 뜻한다.

• 메리가 또 늦게까지 일해야 하는 것이 제이슨을 짜증나게 했다. • 그 팀이 모든 경기에서 진 것을 우리는 믿을 수 없다. • 그들은 200 킬로미터를 걸었는데, 이는 우리를 놀라게 한다.

8 관계부사: where, when 🔊 40-45

관계대명사는 대명사를 의문사로 바꿔 연결어로 사용한 것이고, 관계부사 where, when은 장소와 시간 부사를 의문사로 바꿔 두 개의 절을 연결한다. where의 선행사는 장소명사이고, when의 선행사는 시간명사이며, 둘 다 선행사를 수식 또는 설명하는 형용사절이다.

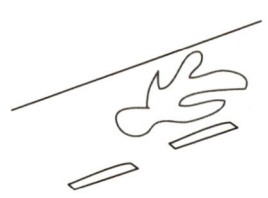

This is the place where the accident occurred.

Do you remember the day when we moved into a larger house?

We went to the Downhill Hotel, where I once stayed on vacation.

Susan enjoys driving at night, when the streets are quiet.

The city where I lived at school is by the sea.

The day when he left for the USA was Friday.

- 이곳이 그 사고가 일어난 곳이다. • 우리는 다운힐 호텔에 갔는데, 휴가 때 한번 머물렀던 곳이다. • 내가 학교 다닐 때 살았던 도시는 바닷가이다.
- 당신은 우리가 큰 집으로 이사했던 날을 기억해요? • 수잔은 밤에 운전하는 것을 좋아하는데, 거리가 조용하기 때문이다. • 그가 미국으로 떠난 날은 금요일이었다.

8-1 관계부사: how, why

how는 '방법/수단'을 의미하고, why는 '이유'를 나타내는 관계부사이다. 하지만 how는 선행사 없이 항상 명사절로 쓰이며, the way in which의 형태로 쓰이기도 한다. why는 주로 the reason why의 형태로 사용된다.

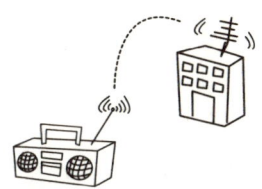

I want to know how the radio works.

The reason why Franklin came was that he wanted to see Sara.

The way he dealt with the problem is a mystery.

Can you explain the reason why we need some extra money?

This is the way in which they do the work.

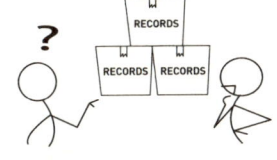

You should tell me the reason why you keep all of these records.

- 나는 라디오가 어떻게 작동되는지 알고 싶다.
- 그가 그 문제를 해결했던 방법은 신비롭다.
- 이것이 그들이 그 일을 하는 방식이다.

- 프랭클린이 온 이유는 사라를 보고 싶어서이다. • 우리가 돈이 더 필요한 이유를 설명해 줄 수 있나요? • 당신은 왜 이 모든 기록을 보관하고 있는지 말해줘요.

9 형용사절 줄이기 📢 52-54

주격 관계대명사가 이끄는 형용사절을 짧게 줄이면 분사구나 to부정사가 된다. 이때 (1)능동태는 주격 관계대명사를 제거하고 동사를 현재분사(V-ing)로 만든다. (2)수동태는 주격 관계대명사와 be동사를 제거하고 과거분사만 남긴다. (3)선행사 앞에 the only, the first, the last, 최상급 등이 있으면 to부정사로 줄인다.

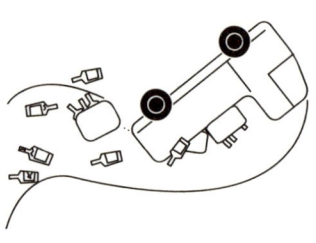

The truck has overturned. It was carrying beer bottles.

The truck which was carrying beer bottles has overturned.

The truck carrying beer bottles has overturned.

The people were taken to the hospital. They were injured in the accident.

The people who were injured in the accident were taken to the hospital.

The people injured in the accident were taken to the hospital.

Mary is the only person who wrote a letter of thanks.

Mary is the only person to write a letter of thanks.

- 맥주병을 운반하던 트럭이 뒤집어졌다.
- 그 사고에서 부상 당한 사람들이 병원으로 옮겨졌다.
- 메리는 감사 편지를 쓴 유일한 사람이다.

Unit 13 등위절과 부사절

명사절과 형용사절이 절 속에 또 다른 절을 끼워 넣는 문장 구조라면
등위절과 부사절은 주절 앞이나 뒤에 또 하나의 절을 연결하는 문장 구조예요.
등위절은 등위접속사로 연결되는데, 연결되는 두 개의 요소가 문법적으로
동등한 지위를 갖고 있어요. 다시 말하면 문법적으로 같은 요소인 것이죠.
이를 병렬구조라고 해요. 주어와 동사만 그런 것이 아니라 동사와 동사,
명사와 명사, 형용사와 형용사, 부정사와 부정사 등 단어와 구 또한
병렬구조를 취합니다.
부사절은 시간, 이유, 양보, 목적 등 다양한 의미를 지녀요.
부사절은 주절에 종속된 절이기 때문에 혼자서는 문장으로 독립할 수 없어요.

Chapter 30

가정법

농구를 할 때 키가 작아서 불리하면, 키가 크면 좋겠다는 아쉬움이 있을 것이다.
시험 성적이 나쁘면 좀 더 열심히 공부할 걸 하는 후회도 하게 된다.
이처럼 사실과 다르게 가정하고 상상하고 바라고 후회할 때 가정법을 쓸 수 있다.
당연히 사실을 말하는 직설법과 다른 시제를 써야 한다.
현재나 미래의 일을 말하면서 과거 시제를 쓰고, 과거 일을 말하면서
과거완료 시제를 쓴다. 가정법을 공부할 때 주어진 상황을 순간적으로
정확하게 그릴 수 있는 상상력이 필요한 이유이다.

1 미래에 발생할 가능성이 있을 때
if + 현재 시제, 주어 + will do

2 일반적인 사실이나 습관을 말할 때
if + 현재 시제, 주어 + 현재 시제

3 미래에 발생할 가능성이 없을 때
if + 과거 시제, 주어 + would + 동사원형

4 과거 사실을 반대로 가정할 때
if + 과거완료, 주어 + would have + 과거분사

1 가정법의 시제: 현재

가정법 현재는 현재나 미래에 발생할 가능성이나 실현될 가능성이 있는 것을 나타낸다. 미래에 발생할 가능성이 있을 때는 'if+현재 시제, 주어+will do', 일반적 사실이나 습관은 'if+현재 시제, 주어+현재 시제'의 형태를 가진다.

If you study harder, you will get a better score.

If she has any money, she spends all of it.

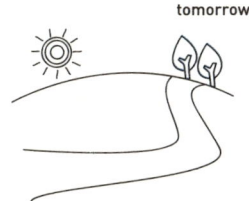

If it is fine tomorrow, I am going to the park.

If you heat water, it boils.

If you want to go to the concert, call me.

If you have any questions, contact our staff.

- 네가 더 열심히 공부한다면 너는 더 좋은 성적을 얻을 것이다.
- 내일 날씨가 좋으면 나는 공원에 갈 것이다.
- 당신이 연주회에 가고 싶다면 내게 전화해요.

- 그녀는 돈만 있으면 다 써 버린다.
- 네가 물을 데우면 물은 끓는다.
- 문의 사항이 있으시면 저희 직원에게 연락하세요.

1-1 가정법의 시제: 과거 (MP3) 7-12

가정법 과거는 현재 사실을 반대로 가정하거나 미래에 발생할 가능성이 없는 것을 말한다. be동사는 인칭과 관계없이 were를 쓰는 것이 정확한 표현이다. 미래에 발생 가능성이 없는 것을 강하게 표현할 때 were to나 should를 쓸 때가 있다. 형태는 'if+과거 시제, 주어+would+동사원형' 이다.

If you studied harder, you would get a better score.

If he had any money, he would spend all of it.

If it were fine tomorrow, I could go to the park.

If I were to have enough money, I would buy a car.

If I were you, I would go to college.

If I were a superman, I could fly in the space.

- 네가 더 열심히 공부한다면 너는 더 좋은 성적을 얻을 텐데.
- 내일 날씨가 좋으면 나는 공원에 갈 텐데.
- 내가 너라면 대학을 가겠어.

- 그는 돈이 있으면 다 써 버릴 거예요.
- 내가 돈이 충분하면 차를 한 대 살 텐데.
- 내가 슈퍼맨이라면 우주를 날아다닐 텐데.

1-2 가정법의 시제: 과거완료 🔊 13-18

가정법 과거완료는 과거 사실을 반대로 가정할 때 쓴다. 형태는 'If+과거완료, 주어+would have+과거분사' 이다. 주절에서 조동사 would 대신 could, might를 쓰기도 한다.

If I had been rich, I would have helped him.

If I had gotten up early, I could have gotten the train.

If I had known you needed a ticket, I would have got you one.

If you'd been more careful, you wouldn't have been injured.

If you hadn't apologized yesterday, I would never have spoken to you again.

If you hadn't made that mistake, you'd have passed your test.

- 내가 부자였더라면 그를 도와주었을 텐데.
- 네가 표가 필요한 걸 알았다면 한 장 구해줬을 텐데.
- 어제 네가 사과하지 않았더라면 다시는 너와 얘기하지 않았을 거야.

- 내가 일찍 일어났더라면 그 기차를 탈 수 있었을 텐데.
- 네가 좀 더 주의했더라면 다치지 않았을 텐데.
- 네가 그 실수를 하지 않았다면 시험을 통과했을 텐데.

1-3 가정법의 시제: 혼합시제 🎧 19-24

혼합 시제는 가정법 과거와 과거완료를 함께 쓰는 형태이다. 'if+과거완료, 주어+would+동사원형'은 if절에서 과거의 일을 사실과 다르게 가정하고, 그 결과로 발생한 현재의 상황을 반대로 말한다. 'if+과거 시제, 주어+would have+과거분사'는 if절에서 현재 상황을 반대로 가정하고, 그래서 발생한 과거의 상황을 반대로 말한다.

If I had followed his advice, I would feel much better now.

If you had cleaned the room in the morning, it would look a little tidier.

If I had studied hard as a student, I would be in a better position now.

If he were more sensible, he wouldn't have made the same mistake.

If you had arranged things at the beginning, we wouldn't be in this mess now.

If I didn't have all this work to do, I would have joined you for the party.

• 내가 그의 충고를 따랐더라면 지금 훨씬 기분이 좋을 텐데. • 내가 학생 때 열심히 공부했더라면 지금 더 좋은 자리에 있을 텐데. • 네가 처음에 모든 것을 정돈해 놨더라면 지금 이렇게 엉망이지 않을 텐데.

• 네가 아침에 방을 청소했더라면 좀 더 깨끗하게 보일 텐데. • 그가 좀 더 분별 있는 사람이었다면 같은 실수를 하지 않았을 텐데. • 내가 해야 할 일이 없으면 너와 함께 파티에 갔을 텐데.

2 I wish 가정법: 과거 25-30

I wish 가정법은 if절에서 if를 떼고 I wish를 넣어 만드는 구문이다. I wish 가정법 과거는 현재 사실의 반대 또는 미래의 불가능한 일을 소망할 때 쓴다.

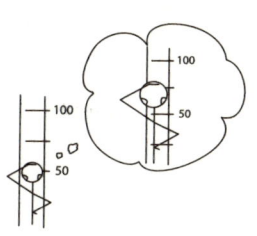

I wish I were taller.

I wish I had more money.

I wish I could speak English well.

She wishes her cat could talk.

I wish I would pass the test.

He wishes his life were more exciting.

- 내가 좀 더 크면 좋을 텐데.
- 내가 영어를 잘하면 좋을 텐데.
- 내가 시험에 합격하면 좋을 텐데.

- 내가 돈이 더 많으면 좋을 텐데.
- 그녀는 자기 고양이가 말을 할 줄 알았으면 하고 바란다.
- 그는 인생이 더 흥미진진하면 좋겠다고 한다.

2-1 I wish 가정법: 과거완료 🎧 31-36

I wish 가정법 과거완료는 과거 사실의 반대를 소망할 때 쓴다.

I wish I hadn't borrowed money from him.

I wish I had been taller at school.

I wish I had got up earlier this morning.

I wish I had helped you yesterday.

I wish I hadn't lost that camera.

I wish I had driven a bit more carefully.

- 내가 그에게서 돈을 빌리지 말 걸 그랬다.
- 내가 오늘 아침 더 일찍 일어났으면 좋았을 텐데.
- 내가 그 카메라를 잃어버리지 않았어야 하는데.
- 나는 학교 다닐 때 키가 더 컸으면 하고 바랬다.
- 나는 어제 당신을 도와주었으면 했어요.
- 내가 좀 더 조심해서 운전할 걸 그랬다.

3 as if 가정법: 과거 📢 37-42

as if(마치 ~인 것처럼) 가정법 과거는 현재 사실을 다르게 말할 때 쓴다. 대개 상대방의 말이나 행동에 부정적인 어감, 짜증이 난다거나, 받아들일 수 없다는 의사를 표시하거나, 가능성을 배제하는 경우에 많이 쓴다.

He talks as if he were a genius.

He often acts as if he hadn't had a girl friend.

You behave as if this were your house.

Tom sounded as if he were worried about his health.

She looks as if she stayed up all night.

They treat me as if I were their son.

- 그는 자기가 천재인 듯이 말한다.
- 당신은 이 집이 마치 당신 집인 것처럼 행동하는 군요.
- 그녀는 밤을 새운 것처럼 보인다.

- 그는 종종 여자 친구가 없는 것처럼 행동한다.
- 톰은 자기 건강을 걱정하는 것처럼 말한다.
- 그들은 내가 그들의 아들인 것처럼 대한다.

3-1 as if 가정법: 과거완료 43-48

as if 가정법 과거완료는 과거 사실의 반대를 말한다. 말하는 사람 입장에서 볼 때 실제는 말하는 내용과 반대라는 강한 의심이나 확신을 나타내는 표현이다.

She speaks as if she had seen the accident.

He behaves as if he had graduated from college.

He walks as if he had been a general.

He talks as if he had been to New York several times.

My father drives as if he had been a car racer.

He speaks as if he had read all the books in the shelves.

- 그녀는 그 사고를 본 것처럼 말한다.
- 그는 장군이었던 것처럼 걷는다.
- 우리 아버지는 카레이서였던 것처럼 운전하신다.
- 그는 대학을 졸업한 것처럼 말한다.
- 그는 뉴욕에 몇 번 갔다 온 것처럼 말한다.
- 그는 선반의 모든 책을 읽은 것처럼 말한다.

4 가정을 나타내는 다른 표현들 🎧 49-54

suppose(가정하다), imagine(상상하다): that절 속에 과거나 과거완료 시제를 쓴다. It is time that 주어+동사: 과거동사를 써서 동작을 하지 않은 것에 대한 아쉬움과 재촉을 의미한다. if only: I wish와 마찬가지로 소망이나 후회를 나타낸다.

Suppose that we lived in the city.

It's time you started doing some work.

Imagine that I were your father.

It's time we went to bed.

If only I were there now.

If only I were older than you.

- 우리가 도시에 살고 있다고 가정해 봐.
- 내가 너의 아빠라고 상상해 봐.
- 내가 지금 그곳에 있기만 하다면!

- 당신이 일을 시작할 때입니다.
- 우리가 잘 시간이에요.
- 내가 너보다 나이가 많기만 하다면!

5 가정을 나타내는 다른 접속사들 🎵 55-60

unless(만약 ~하지 않으면), provided that(~하면), as long as(~하는 한), in case(~하는 경우에 대비해서) 등이 가정을 나타내는 다른 접속사이다. 여기에 관용적인 구문 if it were not for(~이 없다면)도 많이 사용된다.

My father would buy me a car provided (that) I went to college.

You'd better leave early in case there is a lot of traffic.

I'll accept any offer as long as I can work at home.

If it were not for water, all animals and plants could not live.

Unless he helps me, I won't be able to clean the house.

If it had not been for your help, I couldn't have finished the report.

- 내가 대학에 가기만 하면 아버지께서 차를 사주실 텐데. • 나는 집에서 근무할 수만 있으면 어떤 제안이라도 받겠다. • 그가 나를 도와주지 않으면 집을 청소할 수 없을 거예요.
- 교통 체증이 심할지 모르니 너는 일찍 출발하는 게 좋겠다. • 물이 없으면 모든 동물과 식물은 살 수 없다. • 너의 도움이 없었다면 그 보고서를 끝내지 못했을 것이다.

Chapter 31

등위절

등위절은 등위접속사로 연결되는 절이다. 등위접속사는 3가지가 있다.

1 and(추가), but(대조), or(선택)

2 등위상관접속사: both ~ and
either ~ or, neither ~ nor
not only ~ but also

3 for(이유), so(결과)

위 접속사의 문법적 특징은 다음과 같다.

1 병렬구조를 만든다.
연결되는 2개는 문법적으로 같은 요소이다.

2 등위상관접속사는 짝을 맞춰야 한다.

3 for, so는 주어와 동사만을 연결한다.

I 등위접속사: 병렬구조 🔊 1-6

등위접속사 and, but, or는 병렬구조를 만든다. 이 접속사들은 주절과 주절, 동사와 동사, 명사와 명사, 형용사와 형용사 등 문법적으로 같은 요소를 연결한다.

He's running towards the goal, and he's going to score.

Are you and Jane good friends?

I wanted to go out, but mom didn't let me go.

Those pants are old but comfortable.

I want to watch TV or listen to music.

You can take the bus or the subway.

- 그는 골대를 향해 달리고 있고 득점을 할 것이다. • 나는 나가고 싶었지만 엄마가 허락하지 않았다. • 나는 TV를 보거나 음악을 듣고 싶다.
- 당신과 제인은 친한 친구입니까?
- 그 바지는 낡았지만 편안하다.
- 버스나 지하철을 타시면 됩니다.

2 등위상관접속사 7-12

등위상관접속사는 both ~ and, either ~ or, neither ~ nor, not only ~ but also가 있다. 이들은 짝을 맞춰야 하고, 병렬구조를 취한다는 공통점이 있다.

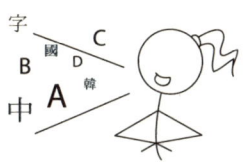

She speaks both English and Chinese.

Both his father and mother are excellent cooks.

He not only became angry but also got violent.

Either men or women can be nurses.

She enjoys neither hunting nor fishing.

He neither smokes nor drinks.

- 그녀는 영어와 중국어를 할 줄 안다.
- 그는 화가 났을 뿐만 아니라 폭력까지 휘둘렀다.
- 그녀는 사냥과 낚시 모두 즐기지 않는다.
- 그의 아버지와 어머니는 모두 뛰어난 요리사이다.
- 남자든 여자든 간호사가 될 수 있다.
- 그는 담배도 안 피고 술도 마시지 않는다.

3 for so 13-18

for는 이유를 나타내고, so는 결과를 의미하는 등위접속사이다.
반드시 주어와 동사를 연결한다는 점이 and, but, or와 다르다.

She made a sandwich, for she was very hungry.

She was very hungry, so she made a sandwich.

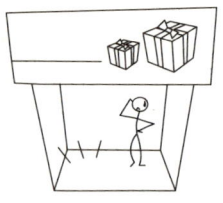

The gift shop closed, for it didn't attract many customers.

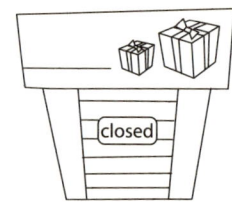

The gift shop didn't attract many customers, so it closed.

They changed the plans, for he was ill.

He was ill, so they changed the plans.

- 그녀는 샌드위치를 만들었다. 배가 몹시 고팠기 때문이다. • 선물 가게가 문을 닫았다. 손님이 많지 않았기 때문이다. • 그들이 계획을 바꾼 것은 그가 아팠기 때문이다.
- 그녀는 배가 몹시 고파서 샌드위치를 만들었다.
- 선물 가게는 손님이 많지 않아서 문을 닫았다.
- 그가 아파서 그들은 계획을 바꾸었다.

Chapter 32

부사절

부사절은 절(주어와 동사를 포함하는 완벽한 문장)이 부사 역할,
즉 동사/형용사/다른 부사를 꾸며 주는 역할을 한다.

1. 부사절의 위치는 주절의 뒤에 있는 경우와
   중간에 삽입되는 경우도 있지만 대부분 주절의 앞에 위치한다.

2. 접속사의 종류에 따라 다양하게 해석할 수 있다.
   부사절은 접속사의 종류에 따라 대략적으로
   시간/이유/목적/양보/조건 등으로 나뉠 수 있다.

3. 주의해야 할 점은 문장 구조에 따라
   접속사, 접속부사, 전치사를 구별할 수 있어야 한다.

I 시간: 접속사 🔊 1-6

시간접속사에는 when, while, until, by the time, as soon as, before, after 등이 있다.

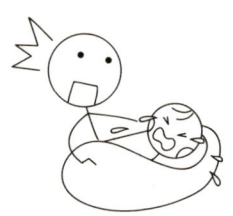

The baby started to cry when I touched him.

I fell asleep while I was watching the film.

I didn't realize he was tall until I met him.

As soon as he arrived, he cleaned the room.

I finished my homework before the sun sets.

He seemed happy after you called him.

- 내가 만졌을 때 아기가 울기 시작했다.
- 나는 그를 만나기 전까지 그가 크다는 것을 알지 못했다.
- 나는 해가 지기 전에 숙제를 끝냈다.
- 영화를 보다가 나는 잠이 들었다.
- 그는 도착하자마자 방을 청소했다.
- 네가 그에게 전화를 하고 나서 그는 행복해 보였어.

I-I 시간: 전치사와 접속사 7-12

전치사는 명사를 연결하고, 접속사는 주어와 동사를 연결한다.
전치사와 접속사를 구별할 수 있어야 한다.

전치사	접속사
 Students must be quiet during the exam.	 Students were noisy while they were on the train.
 After school, I ate a piece of bread with some butter on it.	 After we finished fishing, we made soup with the fish.
 I can play computer games until 9 p.m..	 I can play computer games until my parents come home.

- 학생들은 시험 중에 조용히 해야 한다.
- 수업 후 나는 빵에 버터를 발라 먹었다.
- 나는 밤 9시까지 컴퓨터 게임을 할 수 있다.

- 학생들은 기차에 타고 있는 동안 시끄러웠다.
- 우리는 낚시를 끝내고 그 고기로 탕을 만들었다.
- 나는 부모님이 오실 때까지 컴퓨터 게임을 할 수 있다.

2 원인과 결과: 접속사와 전치사 🎧 13-18

이유를 나타내는 접속사는 because, as, since, now that 등이 있고, 전치사는 because of, due to, owning to 등이 있다. as와 since에 이유를 나타내는 전치사 용법이 없다.

접속사	전치사
 Bill couldn't work any longer **because** he was tired.	 We are late 10 minutes **because of** the traffic jam.
 **As** it was cold, I turned the heating on.	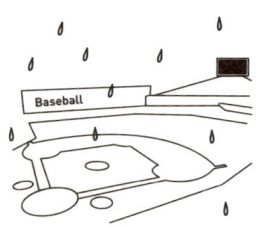 The game was canceled **due to** the rainy weather.
 **Since** we have enough money, we can buy the dress.	 The accident occurred **owing to** careless driving.

- 빌은 피곤해서 더 이상 일할 수 없었다.
- 날씨가 추워서 나는 난방을 켰다.
- 우리는 돈이 충분하니까 그 드레스를 살 수 있다.

- 우리는 교통 체증 때문에 10분 늦었다.
- 비가 와서 경기가 취소되었다.
- 부주의한 운전 때문에 사고가 발생했다.

2-1 원인과 결과: 접속부사 🎧 19-24

이유를 나타내는 접속사나 전치사와 관련된 접속부사는 이유보다는 결과에 초점을 맞추는 것들이 대부분이다. as a result, consequently, therefore 등이 주로 쓰인다. 구두점에 주의를 기울인다.

He didn't study hard. Therefore, he failed the test.

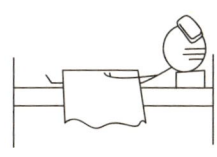

She didn't feel well; therefore, she didn't go to work yesterday.

She was hungry. Consequently, she ate some spaghetti.

I missed the final exam; consequently, I failed the course.

He is bilingual. As a result, he got a job easily.

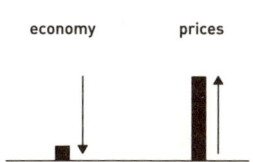

The economy is not good; as a result, the prices will go up sharply.

• 그는 열심히 공부하지 않았다. 그래서 시험에 떨어졌다. • 그녀는 배가 고파서 스파게티를 먹었다. • 그는 2개 언어를 구사할 수 있어서 쉽게 직장을 구했다.

• 그녀는 몸이 좋지 않아서 어제 출근하지 않았다. • 나는 기말시험을 치르지 못해서 그 과목에서 낙제했다. • 경제가 좋지 않아서 물가가 크게 오를 것이다.

2-2 원인과 결과: so ~ that 🎵 25-30

원인과 결과를 표현하는 구문 가운데 'so/such ~ that' 구문이 있다. 형용사나 부사 앞에는 so를 쓰고, 명사 앞에는 such를 쓴다. 단 명사 앞에 many, much가 오면 so를 쓴다.

The coffee is so hot that I can't drink it.

She spoke so fast that I couldn't understand.

There were so many people on the subway that we couldn't move at all.

He did such a good job that he received a bonus.

She has so much money that she can buy anything.

He gave such good advice that we could solve the problems.

- 커피가 너무 뜨거워서 나는 커피를 마실 수가 없다. • 지하철에 사람이 너무 많아서 움직일 수가 없었다. • 그녀는 돈이 너무 많아서 무엇이든 살 수 있다.
- 그녀가 말을 너무 빨리 해서 나는 알아 들을 수가 없었다. • 그는 일을 굉장히 잘해서 보너스를 받았다. • 그가 조언을 굉장히 잘해 줘서 우리는 문제를 해결할 수 있었다.

3 목적 🔊 31-36

목적을 나타내는 표현은 (1)for+명사 (2)to부정사 (3)so that+S+V가 있다.
to부정사의 경우 in order to do, so as to do를 쓰기도 한다.

I went to the store for some bread.

My family went out for a bike ride.

Most people work to make money.

We study hard in order to improve our English ability.

I'll give you a map so that you can find the way easily.

ON HER BIRTHDAY

I sent the gift today so that it gets there on her birthday.

- 나는 빵을 사러 상점에 갔다.
- 대부분의 사람들은 돈을 벌기 위해 일한다.
- 네가 길을 쉽게 찾을 수 있도록 내가 지도를 줄게.
- 우리 가족은 자전거를 타러 밖으로 나갔다.
- 우리는 영어 능력을 키우기 위해 열심히 공부한다.
- 나는 그녀의 생일날 도착할 수 있게 오늘 선물을 보냈다.

4 양보와 대조: 접속사와 전치사 🎧 37-42

양보와 대조 관계를 나타내는 접속사는 though, although, even though, while 등이 있고, 전치사는 despite, in spite of가 있다. 접속사는 주어와 동사를 연결하고, 전치사는 명사를 연결한다.

Although the restaurant was crowded, we found a table.

He wanted to go there despite the danger.

Though he knows smoking is not good, he always smokes.

They went on vacation in spite of the travel expenses.

While his brother is brilliant, he is hopeless.

He played soccer despite his injury.

- 그 식당에 사람이 많았지만 테이블을 잡을 수 있었다. • 그는 흡연이 좋지 않다는 것을 알지만 항상 흡연을 한다. • 그의 형은 똑똑한데, 그는 희망이 없다.
- 그는 위험한데도 그곳으로 가고 싶어 했다.
- 여행 경비가 부족해도 그들은 휴가를 떠났다.
- 그는 부상에도 불구하고 축구를 했다.

4-1 양보와 대조: 접속부사

양보와 대조를 나타내는 접속부사는 however, nevertheless, nonetheless, all the same 등이 있고, 부사 even이 수식하는 것은 무엇이든 양보와 대조의 의미로 표현할 수 있다.

It was cloudy. However, I put on sunglasses.

Even the brightest student makes a mistake.

He ate a large dinner; nevertheless, he was still hungry.

Some regions in the country are cold even in summer.

I washed my hands; nonetheless, they still looked dirty.

You'd better save some money every day, even if it's only two dollars.

- 구름이 끼었지만 나는 선글라스를 썼다.
- 그는 저녁을 많이 먹었지만 여전히 배가 고팠다.
- 나는 손을 씻었는데도 여전히 손이 더러워 보였다.
- 가장 똑똑한 학생도 실수를 하기 마련이다.
- 그 나라의 일부 지역은 여름에도 춥다.
- 너는 2달러라도 매일 저금하는 편이 좋을 거야.

불규칙 동사

	동사	과거	과거분사	의미
1	arise	arose	arisen	발생하다
2	be	was/were	been	이다, 있다
3	bear	bore	borne	낳다
4	beat	beat	beat/beaten	때리다
5	become	became	become	되다
6	begin	began	begun	시작하다
7	bend	bent	bent	구부리다
8	bid	bid	bid	명령하다
9	bind	bound	bound	묶다
10	bite	bit	bitten	물다
11	bleed	bled	bled	피가 나다
12	blow	blew	blown	불다
13	break	broke	broken	깨뜨리다
14	breed	bred	bred	새끼를 낳다
15	bring	brought	brought	가져오다
16	broadcast	broadcast	broadcast	방송하다
17	build	built	built	세우다
18	burst	burst	burst	터뜨리다
19	buy	bought	bought	사다
20	cast	cast	cast	던지다

	동사	과거	과거분사	의미
21	catch	caught	caught	잡다
22	choose	chose	chosen	고르다
23	cling	clung	clung	매달다
24	come	came	come	오다
25	cost	cost	cost	비용이 들다
26	creep	crept	crept	기다
27	cut	cut	cut	자르다
28	deal	dealt	dealt	다루다
29	dig	dug	dug	파다
30	do	did	done	하다
31	draw	drew	drawn	그리다
32	drink	drank	drunk	마시다
33	drive	drove	driven	운전하다
34	eat	ate	eaten	먹다
35	fall	fell	fallen	떨어지다
36	feed	fed	fed	먹이다
37	feel	felt	felt	느끼다
38	fight	fought	fought	싸우다
39	find	found	found	찾다
40	flee	fled	fled	도망치다

	동사	과거	과거분사	의미
41	fly	flew	flown	날다
42	forbid	forbade	forbidden	금지하다
43	forget	forgot	forgotten	잊다
44	forgive	forgave	forgiven	용서하다
45	forsake	forsook	forsaken	버리다
46	freeze	froze	frozen	얼다
47	get	got	got/gotten	받다
48	give	gave	given	주다
49	go	went	gone	가다
50	grind	ground	ground	갈다
51	grow	grew	grown	자라다
52	hang	hung	hung	매달다
53	hear	heard	heard	듣다
54	hide	hid	hidden	숨다
55	hit	hit	hit	치다
56	hold	held	held	잡다
57	hurt	hurt	hurt	아프다
58	keep	kept	kept	지키다
59	know	knew	known	알다
60	lay	laid	laid	눕히다

	동사	과거	과거분사	의미
61	lead	led	led	이끌다
62	leave	left	left	떠나다
63	lend	lent	lent	빌리다
64	let	let	let	하게 하다
65	lie	lay	lain	눕다
66	light	lit	lit	빛을 비추다
67	lose	lost	lost	잃다
68	make	made	made	만들다
69	mean	meant	meant	뜻하다
70	meet	met	met	만나다
71	pay	paid	paid	지불하다
72	put	put	put	놓다
73	quit	quit	quit	그만두다
74	read	read	read	읽다
75	rid	rid	rid	제거하다
76	ride	rode	ridden	타다
77	ring	rang	rung	울리다
78	rise	rose	risen	오르다
79	run	ran	run	달리다
80	say	said	said	말하다

	동사	과거	과거분사	의미
81	see	saw	seen	보다
82	seek	sought	sought	찾다
83	sell	sold	sold	팔다
84	send	sent	sent	보내다
85	set	set	set	놓다
86	shake	shook	shaken	흔들다
87	shed	shed	shed	떨어뜨리다
88	shine	shone	shone	빛나다
89	shoot	shot	shot	쏘다
90	show	showed	showed/shown	보여주다
91	shrink	shrank	shrunk	줄어들다
92	shut	shut	shut	닫다
93	sing	sang	sung	노래하다
94	sink	sank	sunk	가라앉다
95	sit	sat	sat	앉다
96	sleep	slept	slept	잠자다
97	speak	spoke	spoken	말하다
98	spend	spent	spent	돈/시간을 쓰다
99	spit	spit	spit	침을 뱉다
100	split	split	split	쪼개다

	동사	과거	과거분사	의미
101	spread	spread	spread	퍼지다
102	stand	stood	stood	서다
103	steal	stole	stolen	훔치다
104	sting	stung	stung	쏘다
105	strike	struck	struck	치다
106	swear	swore	sworn	맹세하다
107	sweep	swept	swept	휩쓸다
108	swim	swam	swum	수영하다
109	take	took	taken	받다
110	teach	taught	taught	가르치다
111	tear	tore	torn	찢다
112	tell	told	told	말하다
113	think	thought	thought	생각하다
114	throw	threw	thrown	던지다
115	understand	understood	understood	이해하다
116	undertake	undertook	undertaken	수행하다
117	upset	upset	upset	화나게 하다
118	wake	woke	woken	눈을 뜨다
119	wear	wore	worn	입다
120	weave	wove	woven	천을 짜다

	동사	과거	과거분사	의미
121	weep	wept	wept	울다
122	win	won	won	이기다
123	wind	wound	wound	감다
124	withdraw	withdrew	withdrawn	뒤로 물러나다
125	write	wrote	written	쓰다

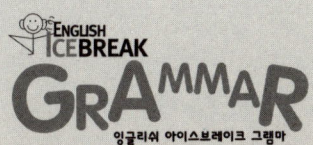